2014年贵州省本科教学质量工程"卓越教师教育培养计划（数学）"
2015年贵州省本科教学质量工程"《数学类专业本科教学质量国家标准》下的'数学与应用数学专业'课程体系构建"
2017年凯里学院创新创业教育课程建设"数学教师资格证考前辅导系列课程"

中学数学教师资格证考前训练之数学教育知识选讲

杨孝斌　　王美娜　　编

西南交通大学出版社
·成都·

图书在版编目（CIP）数据

中学数学教师资格证考前训练之数学教育知识选讲 / 杨孝斌，王美娜编. —成都：西南交通大学出版社，2020.8
ISBN 978-7-5643-7537-9

Ⅰ. ①中… Ⅱ. ①杨… ②王… Ⅲ. ①中学数学课 – 教学法 – 中学教师 – 资格考试 – 自学参考资料 Ⅳ. ①G633.602

中国版本图书馆 CIP 数据核字（2020）第 155797 号

Zhongxue Shuxue Jiaoshi Zigezheng Kaoqianxunlian zhi Shuxue Jiaoyu Zhishi Xuanjiang
中学数学教师资格证考前训练之数学教育知识选讲
杨孝斌　王美娜　编

责 任 编 辑	何明飞
封 面 设 计	原谋书装
出 版 发 行	西南交通大学出版社 （四川省成都市金牛区二环路北一段 111 号 西南交通大学创新大厦 21 楼）
发行部电话	028-87600564　028-87600533
邮 政 编 码	610031
网　　　址	http://www.xnjdcbs.com
印　　　刷	四川煤田地质制图印刷厂
成 品 尺 寸	170 mm × 230 mm
印　　　张	13.25
字　　　数	268 千
版　　　次	2020 年 8 月第 1 版
印　　　次	2020 年 8 月第 1 次
书　　　号	ISBN 978-7-5643-7537-9
定　　　价	39.00 元

课件咨询电话：028-81435775
图书如有印装质量问题　本社负责退换
版权所有　盗版必究　举报电话：028-87600562

序

据教育部最新消息，2019年下半年参加中小学教师资格考试的考生达590万人，比上半年增加一倍多，加上上半年的290万考生，全年参加考试的人数近900万，其中师范专业考生占24%，非师范专业考生占76%.

在中学数学教师资格证考试（分初级中学、高级中学）中，"数学学科知识与教育教学能力"这一科目的难度较大、通过率不高. 本科目包含四方面的内容：一是学科知识，主要考查考生的大学数学专业基础知识；二是数学课程知识，主要考查考生是否熟悉初中数学、高中数学教材中的有关内容，以及相应学段的数学课程标准中的知识；三是数学教学知识，主要考查考生所掌握的数学教育教学理论知识；四是数学教学技能，主要考查考生的数学教学设计能力和教学实践经验.

本书作者之一——凯里学院的杨孝斌教授是我的硕士研究生，他承担了贵州省卓越教师教育培养计划（数学）本科教学质量工程项目，并通过调整人才培养方案，为数学与应用数学专业师范生设置了"综合素质与教育学心理学知识选讲""数学学科知识选讲""数学教师职业技能训练"等教师资格证备考课程. 同时，他还承担了"数学教师职业技能训练"和"数学教学论""数学史"等课程的教学，具有较好的教学实践基础.

根据教学改革与课程建设的需要，杨孝斌教授组织编写了《大学数学学科知识选讲》《数学教育知识选讲》两本书．这两本书，对相关课程的教学和考生的备考具有一定的参考价值，既可作为"数学学科知识选讲"这门课程的教学用书，也可作为考生备考的复习用书．

贵州师范大学原副校长

2019 年 11 月 6 日

前 言

自教育部 2011 年在浙江省、湖北省开展教师资格证"国考"试点工作以来,全国其他各省市也都陆续开展了教师资格证全国统考工作.在中学数学教师资格证考试中,"数学学科知识与教育教学能力"这一科目的难度较大、通过率不高.为此,越来越多的师范院校开始开设"数学学科知识与教育教学能力"课程,但目前可供教师和学生选择的教材十分有限.本书及其姊妹篇《中学数学教师资格证考前训练之大学数学学科知识选讲》就是为这门课程编写的一套参考教材.

全书在解读《中学数学教师资格证考试标准(大纲)》并梳理常考的数学教育知识的基础上,对 2014—2019 年的"数学学科知识与教育教学能力"考试真题进行了统计分析,归纳出了常见考题类型,详细解答了每一道真题,并给出了答题建议.本书第 5~8 章的末尾均给出了相应的复习建议和模拟练习题.另外,本书第 9 章还专门讨论了中学数学教师资格证考试的面试技巧,列出了中学教师资格考试面试大纲,给出了中学数学教师资格考试面试基本流程及注意事项,并列举了部分面试试题和试讲题目供读者练习.最后在附录部分给出了有关核心数学素养、"三教"教育理念、教学设计、情境设计的部分研究成果及模拟练习题的解答.

考虑到读者对象来源的广泛性(既包括师范专业,也包括非师范专业,甚至非数学专业的跨专业考生），书中各知识点的叙述及题目的解答尽可能详尽．但由于数学知识的广泛性和深刻性、数学教育知识的复杂性和综合性，加上作者水平有限，全书难免存在错漏之处，欢迎广大读者批评指正．

本书第1、3、7、8、9章及附录部分由杨孝斌编写，第2、4、5、6章由王美娜编写．全书由杨孝斌统稿、校对．

我们要感谢凯里学院罗永超教授，正是由于他重视教师资格证考试并同意开设"数学学科知识选讲"这门课程，才促成了本书的编写和出版；感谢贵州师范大学吕传汉教授为本书作序；感谢凯里学院的领导和全体老师的大力支持．另外，本书的部分真题解答、部分模拟题及解答并非作者原创，在此对原创作者致以崇高的敬意．

编　者

2020年1月

目 录

第 1 章 《数学学科知识与教学能力》考试（笔试）大纲 ································· 001

    第 1 节 《数学学科知识与教学能力》（初级中学） ································· 001

    第 2 节 《数学学科知识与教学能力》（高级中学） ································· 006

第 2 章 数学教育知识考点分析 ·· 012

第 3 章 数学教育知识概览（上） ·· 017

    第 1 节 数学课程标准主要内容摘录 ·· 017

    第 2 节 数学教育简史 ·· 029

    第 3 节 数学教育基本理论 ·· 033

第 4 章 数学教育知识概览（下） ·· 042

    第 1 节 数学教学目标 ·· 042

    第 2 节 数学教学原则 ·· 044

    第 3 节 数学教学模式 ·· 047

    第 4 节 数学教学方法 ·· 051

    第 5 节 数学教学基本课型 ·· 056

第 5 章 数学教育简答题答题技巧 ·· 061

第 6 章 数学教育论述题答题技巧 ·· 076

第 7 章 数学教育案例分析答题技巧 ·· 090

第 8 章 数学教育教学设计答题技巧 ·· 117

第 9 章 面试技巧 ·· 142

    第 1 节 面试大纲 ·· 142

第 2 节　中学数学教师资格面试基本流程及注意事项 …………… 145
　　第 3 节　面试试题举例 ……………………………………………… 149

附　录 …………………………………………………………………… 163
　　附录 1　论数学教育对中小学生核心素养的培育 ………………… 163
　　附录 2　教学设计与研究 …………………………………………… 174
　　附录 3　情境设计与研究 …………………………………………… 182
　　附录 5　部分同步练习答案 ………………………………………… 192

参考文献 ………………………………………………………………… 204

第1章 《数学学科知识与教学能力》考试（笔试）大纲

第1节 《数学学科知识与教学能力》（初级中学）

一、考试目标

（1）数学学科知识的掌握和运用：掌握大学专科数学专业基础课程的知识、中学数学的知识，具有在初中数学教学实践中综合而有效地运用这些知识的能力.

（2）初中数学课程知识的掌握和运用：理解初中数学课程的性质、基本理念和目标，熟悉《全日制义务教育数学课程标准（修订稿）》[①]（以下简称《课标》）规定的教学内容和要求.

（3）数学教学知识的掌握和应用：理解有关的数学教学知识，具有教学设计、教学实施和教学评价的能力.

二、考试内容模块与要求

初中数学教师教学知识与能力考试内容主要有数学学科知识、数学课程知识、数学教学知识和数学教学技能.

具体考试内容和要求如下：

1. 数学学科知识

数学学科知识包括大学专科数学专业基础课程、高中数学课程中的必修内容和部分选修内容以及初中数学课程中的知识.

---

① 这里是指2011年版的《全日制义务教育数学课程标准（修订稿）》.

大学专科数学专业基础课程①知识是指：数学分析、高等代数、解析几何、概率论与数理统计等大学专科数学课程中与中学数学密切相关的内容.其内容要求是准确掌握基本概念，熟练进行运算，并能够利用这些知识去解决中学数学的问题.

高中数学课程中的必修内容和部分选修内容以及初中数学课程知识②是指高中数学课程中的必修内容，选修课中的系列 1、2 的内容，选修 3-1（数学史选讲）、选修 4-1（几何证明选讲）、选修 4-2（矩阵与变换）、选修 4-4（坐标系与参数方程）、选修 4-5（不等式选讲）以及初中课程中的全部数学知识.其内容要求是理解中学数学中的重要概念，掌握中学数学中的重要公式、定理、法则等知识，掌握中学常见的数学思想方法，具有空间想象、抽象概括、推理论证、运算求解、数据处理等基本能力以及综合运用能力.

2. 初中数学课程知识③

了解初中数学课程的性质、基本理念和目标.

熟悉《课标》所规定的教学知识体系，掌握《课标》对教学内容的要求.

能运用《课标》指导自己的数学教学实践.

3. 数学教学知识④

掌握讲授法、讨论法、自学辅导法、发现法等常见的数学教学方法.

掌握概念教学、命题教学等数学教学的基本内容.

了解包括备课、课堂教学、作业批改与考试、数学课外活动、数学教学评价等基本环节的教学过程.

---

① 这里所称"大学专科数学专业基础课程"，是指"初级中学数学教师资格证"的大学数学学科知识的考试难度相对于"高级中学数学教师资格证"而言要略简单一些，这部分内容是考生最易丢分的题目，建议备考时仍按本科数学专业的难度，精心准备，用功复习，以应对各种复杂的大学数学学科知识问题.关于"大学数学学科知识"的历年的考题情况、考点分布情况及答题技巧等，详见本书的姊妹篇《中学数学教师资格证考前训练之大学数学学科知识选讲》.

② 这一部分是要求考生要熟悉中学（初高中）数学教材中的主要数学知识.

③ 这一部分是要求考生熟悉《全日制义务教育数学课程标准（修订稿）》，特别是 7~9 年级的内容.

④ 这一部分是要求考生具备一定的数学教学理论知识.

掌握合作学习、探究学习、自主学习等中学数学学习方式.

掌握数学教学评价的基本知识和方法.

4. 数学教学技能[①]

（1）教学设计.

能够根据学生已有的知识水平和数学学习经验，准确将所教内容与学生已学知识进行联系.

能够根据《课标》的要求和学生的认知特征确定教学目标、教学重点和难点.

能正确把握数学教学内容，揭示数学概念、法则、结论的发展过程和本质，渗透数学思想方法，体现应用与创新意识.

能选择适当的教学方法和手段，合理安排教学过程和教学内容，在规定的时间内完成所选教学内容的教案设计.

（2）教学实施.

能创设合理的数学教学情境，激发学生的数学学习兴趣，引导学生自主探索、猜想和合作交流.

能依据数学学科特点和学生的认知特征，恰当地运用教学方法和手段，有效地进行数学课堂教学.

能结合具体数学教学情境，正确处理数学教学中的各种问题.

（3）教学评价.

能采用不同的方式和方法，对学生知识技能、数学思考、问题解决和情感态度等方面进行恰当地评价.

能对教师数学教学过程进行评价.

能够通过教学评价改进教学和促进学生的发展.

三、试卷结构

《数学学科知识与教学能力》（初级中学）试卷结构如表1.1所示.

[①] 这一部分是要求考生具备一定的数学教学实践经验.

表 1.1 《数学学科知识与教学能力》(初级中学)试卷结构

模 块	比 例	题 型
学科知识	41%	单项选择题 简答题 解答题
课程知识	23%	单项选择题 简答题 论述题
教学知识	10%	单项选择题 简答题
教学技能	26%	案例分析题 教学设计题
合 计	100%	单项选择题：约 27% 非选择题：约 73%

四、题型示例

1. 单项选择题

（1）设 α, β 为两个不同的平面，直线 $l \subset \alpha$，则 "$l \perp \beta$" 是 "$\alpha \perp \beta$" 成立的（　　）条件.

A. 充分不必要条件　　　　　　B. 必要不充分条件

C. 充要条件　　　　　　　　　D. 既不充分也不必要条件

（2）在初中数学教学中，课堂小结的方式多种多样，有一种常见的小结方式是结合板书内容梳理本课教学重点和难点的学习思路，同时提醒学生课下复习其中的要点. 这种小结方式的作用在于（　　）.

A. 升华情感，引起共鸣　　　　B. 点评议论，提高认识

C. 巧设悬念，激发兴趣　　　　D. 总结回顾，强化记忆

2. 简答题

（1）为什么 $(-1)+(-1)=(-2)$？

（2）一位教师讲了一堂公开课"函数"，多数听课教师认为他讲出了函数概念的本质，但课堂教学有效性不足，主要表现在课堂提问方面. 你认为应注意哪些问题才能提高课堂提问的有效性（请结合自己对函数的教学设

想来谈）？

3. 解答题

（1）已知数列 $\{a_n\}$ 为等比数列，$a_1=1, q=2$，且第 m 项至第 n 项的和为 112（$m<n$），求 $m+n$ 的值.

（2）设 $0<x_1<x_2<x_3<\pi$，证明 $\dfrac{\sin x_1-\sin x_2}{x_1-x_2}>\dfrac{\sin x_2-\sin x_3}{x_2-x_3}$.

4. 论述题

在初中数学课程中，把函数安排在代数式与方程之后. 谈谈你对于这种安排的看法.

5. 案例分析题

阅读下列教学片段，结合案例，阐述数学教学中预设与生成的关系.

张老师在讲授"等腰三角形三线合一定理"时，提出如下问题：等腰三角形 $\triangle ABC$ 中，AD 是底边 BC 上的中线，$\angle BAD=\angle CAD$，试问 AD 还具有什么性质？

学生：AD 把 $\triangle ABC$ 分成两个全等的三角形.

（学生发现重要结论，但却不符合教师的教学设计，于是老师进行了"诱导".）

教师：AD 和 BC 是什么关系？

学生：$AD>BC$.

（教师唯恐浪费时间，直奔教学主题.）

教师：AD 和 BC 垂直不垂直？

学生：$AD\perp BC$.

教师：那么 AD 是 $\triangle ABC$ 的什么线？

学生：AD 是底边 BC 上的高.

（教师认为达到了预期目的，叹了口气，却没有继续追究 $AD\perp BC$ 的原因.）

6. 教学设计题

请你创设一个引入"负数的概念"的问题情境，并完成本节课的教学设计.

第2节 《数学学科知识与教学能力》(高级中学)

一、考试目标

(1) 数学学科知识的掌握和运用:掌握大学本科数学专业基础课程的知识和高中数学知识,具有在高中数学教学实践中综合而有效地运用这些知识的能力.

(2) 高中数学课程知识的掌握和运用:理解高中数学课程的性质、基本理念和目标,熟悉《普通高中数学课程标准(实验)》[①](以下简称《课标》)规定的教学内容和要求.

(3) 数学教学知识的掌握和应用:理解有关的数学教学知识,具有教学设计、教学实施和教学评价的能力.

二、考试内容模块与要求

高中数学教师教学知识与能力考试内容主要有数学学科知识、数学课程知识、数学教学知识和数学教学技能. 具体考试内容和要求如下:

1. 数学学科知识

数学学科知识包括大学本科数学专业基础课程和高中课程中的数学知识.

大学本科数学专业基础课程[②]的知识是指:数学分析、高等代数、解析几何、概率论与数理统计等大学课程中与中学数学密切相关的内容,包括数列极限、函数极限、连续函数、一元函数微积分、向量及其运算、矩阵与变换等内容及概率与数理统计的基础知识. 其内容要求是准确掌

[①] 需进一步熟悉2017年版《普通高中数学课程标准(修订稿)》的内容和要求.
[②] 这部分内容是考生最易丢分的题目,建议备考时要精心准备,用功复习,以应对各种复杂的大学数学学科知识问题;关于"大学数学学科知识"的历年来的考题情况、考点分布情况及答题技巧等,详见本书的姊妹篇《中学数学教师资格证考前训练之大学数学学科知识选讲》.

握基本概念，熟练进行运算，并能够利用这些知识去解决中学数学的问题．

高中数学知识[①]是指《课标》中所规定的必修课全部内容，选修课中的系列 1、2 的内容，选修 3-1（数学史选讲）、选修 4-1（几何证明选讲）、选修 4-2（矩阵与变换）、选修 4-4（坐标系与参数方程）、选修 4-5（不等式选讲）的内容．其内容要求是理解高中数学中的重要概念，掌握高中数学中的重要公式、定理、法则等知识，掌握中学数学中常见的思想方法，具有空间想象、抽象概括、推理论证、运算求解、数据处理等基本能力以及综合运用能力．

2. 高中数学课程知识[②]

了解高中数学课程的性质、基本理念和目标．

熟悉《课标》所规定教学内容的知识体系，掌握《课标》对教学内容的要求．

了解《课标》各模块知识编排的特点．

能运用《课标》指导自己的数学教学实践．

3. 数学教学知识[③]

了解包括备课、课堂教学、作业批改与考试、数学课外活动、数学教学评价等基本环节的教学过程．

掌握讲授法、讨论法、自学辅导法、发现法等常见的数学教学方法．

掌握概念教学、命题教学等数学教学知识的基本内容．

掌握合作学习、探究学习、自主学习等中学数学学习方式．

掌握数学教学评价的基本知识和方法．

---

① 这一部分是要求考生要熟悉高中数学教材中的主要数学知识，特别提醒注意选修系列中的个别冷门知识．

② 这一部分是要求考生熟悉《普通高中数学课程标准（修订稿）》的内容．

③ 这一部分是要求考生具备一定的数学教学理论知识．

4. 教学技能[①]

（1）教学设计.

能够根据学生已有的知识水平和数学学习经验，准确将所教内容与学生已学知识进行联系.

能够根据《课标》的要求和学生的认知特征确定教学目标、教学重点和难点.

能正确把握数学教学内容，揭示数学概念、法则、结论的发展过程和本质，渗透数学思想方法，体现应用与创新意识.

能选择适当的教学方法和手段，合理安排教学过程和教学内容，在规定的时间内完成所选教学内容的教案设计.

（2）教学实施.

能创设合理的数学教学情境，激发学生的数学学习兴趣，引导学生自主探索、猜想和合作交流.

能依据数学学科特点和学生的认知特征，恰当地运用教学方法和手段，有效地进行数学课堂教学.

能结合具体数学教学情境，正确处理数学教学中的各种问题.

（3）教学评价.

能采用不同的方式和方法，对学生知识与技能、过程与方法、情感与态度以及价值观等方面进行恰当的评价.

能对教师数学教学过程进行评价.

能够通过教学评价改进教学和促进学生的发展.

三、试卷结构

《数学学科知识与教学能力》（高级中学）试卷结构如表1.2所示.

[①] 这一部分是要求考生具备一定的数学教学实践经验.

表1.2 《数学学科知识与教学能力》(高级中学)试卷结构

模　块	比　例	题　型
学科知识	41%	单项选择题 简答题 解答题
课程知识	23%	单项选择题 简答题 论述题
教学知识	10%	单项选择题 简答题
教学技能	26%	案例分析题 教学设计题
合　　计	100%	单项选择题：约27% 非选择题：约73%

四、题型示例

1. 单项选择题

（1）函数 $f(x)=x\ln x$ 在 $(0,+\infty)$ 上是（　　）.

A. 单调增函数　　　　　　B. 单调减函数

C. 上凸函数　　　　　　　D. 下凸函数

（2）在高中数学教学中，课堂小结的方式多种多样，有一种常见的小结方式是结合板书内容梳理本课教学重点和难点的学习思路，同时提醒学生课下复习其中的要点．这种小结方式的作用在于（　　）．

A. 升华情感，引起共鸣　　B. 点评议论，提高认识

C. 巧设悬念，激发兴趣　　D. 总结回顾，强化记忆

（3）在高等代数中，有一种线性变换叫作正交变换，即不改变任意两点距离的变换．下列变换中不是正交变换的是（　　）．

A. 平移变换　　　　　　　B. 旋转变换

C. 反射变换　　　　　　　D. 相似变换

2. 简答题

（1）根据图 1.1 编一道函数应用问题.

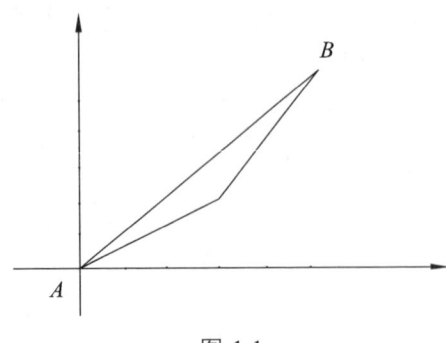

图 1.1

（2）一位教师讲了一堂公开课"函数"，多数听课教师认为他讲出了函数概念的本质，但课堂教学有效性不足，主要表现在课堂提问方面. 你认为应注意哪些问题才能提高课堂提问的有效性（请结合自己对函数的教学设想来谈）？

3. 解答题

已知 $0 < x_1 < x_2 < x_3 < \pi$，证明

$$\frac{\sin x_1 - \sin x_2}{x_1 - x_2} > \frac{\sin x_2 - \sin x_3}{x_2 - x_3}.$$

4. 论述题

在必修模块中，将平面解析几何内容放在函数与立体几何之后，对这种安排谈谈你的看法.

5. 案例分析题

阅读下列两个对于不等式 $ab \leqslant \frac{1}{2}a^2 + \frac{1}{2}b^2$ 的教学活动设计，然后回答问题.

设计 1

活动（1）：让学生分别取 a、b 为具体数值，检验该不等式是否成立.

活动（2）：讨论 ab，$\frac{1}{2}a^2$，$\frac{1}{2}b^2$ 的几何意义.

讨论（1）：参照图 1.2，描述三个图形的关系.

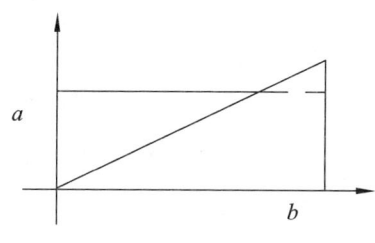

图 1.2

讨论（2）：该不等式何时等号成立，何时不等号成立？

活动（3）：不等式的严格证明.

讨论（3）：若有 3 个数：$a>0,b>0,c>0$，是否会有一个相应的不等式？

设计 2

活动：学生分组讨论不等式 $ab \leqslant \frac{1}{2}a^2 + \frac{1}{2}b^2$ 的证明方法.

请回答如下问题：

（1）分析设计 1 的教学设计意图.

（2）结合本案例分析合情推理与演绎推理的关系，简述教学过程中如何引导学生经历一个由合情推理到演绎推理的过程.

（3）对比分析两个教学设计的理念.

6. 教学设计题

就高中数学"人教版教材"必修 1 第一单元中的函数概念第一课时的内容，设计一个教学方案（提供教材内容）.

第 2 章 数学教育知识考点分析

本章归纳和整理了 2014—2019 年"数学学科知识与教学能力"考试中教育教学能力部分的真题,根据考试大纲提炼出高频核心考点,并给出大量同步练习和相关复习建议,为考生的备考提供力所能及的帮助.

《数学学科知识与教学能力》(高级中学)历年真题中,教育教学能力部分知识点的分布情况统计如表 2.1 所示.

表 2.1 教育教学能力知识点分布

时间		题型	知识点	题量		分值	
				各题型题量	总题量	各题型分值	总分值
2014年	上半年	选择题	教学活动	1	1	5	77
		简答题	确定课程的原则	1	1	7	
		论述题	数学的抽象性与具体性	1	1	15	
		案例分析题	概念教学课堂提问	1	1	20	
		教学设计题	教学目标、教学过程	1	1	30	
	下半年	选择题	数学史	1	2	10	83
			课标中的基本能力	1			
		简答题	教学导入	1	2	14	
			数学学习评价	1			
		论述题	数学思想方法(数学教育基本理论)	1	1	9	
		案例分析题	课堂教学	1	1	20	
		教学设计题	教学目标	1	1	30	

续表

时间		题型	知识点	题量		分值	
				各题型题量	总题量	各题型分值	总分值
2015年	上半年	选择题	数学学习评价	1	1	5	84
		简答题	数学思维过程和特点	1	2	14	
			数学史	1			
		论述题	中学数学课程	1	1	15	
		案例分析题	概念教学	1	1	20	
		教学设计题	学情分析、教学过程	1	1	30	
	下半年	选择题	数学史	1	2	10	49
			课标中的基本能力	1			
		简答题	中学数学课程	1	2	14	
			数学运算	1			
		论述题	教学原则	1	1	15	
		教学设计题	教学重点、教学过程	1	1	10	
2016年	上半年	选择题	课标	1	2	10	57
			教育任务之创新意识	1			
		简答题	课标的行动名词	1	2	14	
			教学环节	1			
		论述题	教学原则	1	1	15	
		教学设计题	教学目标 习题设计	1	1	18	
	下半年	选择题	数学史	1	2	10	80
			测试效度	1			
		简答题	中学数学课程	1	2	15	
			数学定理教学	1			
		论述题	概念教学	1	1	15	
		案例分析	教学中的预设与生成	1	1	10	
		教学设计题	教学目标、重难点、教学导入	1	1	30	

续表

时间		题型	知识点	题量		分值	
				各题型题量	总题量	各题型分值	总分值
2017年	上半年	选择题	数学史	1	2	10	64
			定义方式	1			
		简答题	课标的行动名词	1	2	14	
			测试设计	1			
		论述题	合情推理与演绎推理	1	1	15	
		案例分析题	数形结合	1	1	5	
		教学设计题	教学重难点 教学思路	1	1	20	
	下半年	选择题	概念间的关系	1	1	5	69
		简答题	定义方式	1	1	7	
		论述题	数学文化	1	1	15	
		案例分析题	教学导入	1	1	12	
		教学设计题	教学目标、设计意图	1	1	30	
2018年	上半年	简答题	中学数学教学方法	1	2	14	44
			教学目标	1			
		论述题	高中数学教学	1	1	15	
		教学设计题	教学目标 设计意图	1	1	15	
	下半年	简答题	数学学习评价	1	1	10	63
		论述题	信息技术与教学手段	1	1	15	
		案例分析题	课程的地位与作用	1	1	8	
		教学设计题	教学导入、习题设计、设计意图	1	1	30	
2019年	上半年	选择题	数学课程标准	1	1	5	90
		简答题	对学生的评价方式	1	2	20	
			概念教学	1			
		论述题	中学数学课程	1	1	15	
		案例分析题	数学课程标准、教学探究活动	1	1	20	
		教学设计题	教学目标、教学过程	1	1	30	

2014—2019年真题中教育教学能力常考点及其出现的频数和考查题型如表2.2和图2.1所示.

表2.2 教育教学能力常考点

序号	知识点名称	出现的频数	考查题型
1	课堂教学活动	5	选择、案例分析题
2	确定课程的原则	1	简答题
3	数学的抽象性与具体性	1	论述题
4	概念教学	5	案例分析题
5	教学目标	7	教学设计题
6	教学方法	1	简答题
7	数学史、数学文化	6	选择、简答、论述题
8	课标中的基本能力	2	选择题
9	教学导入	4	简答题
10	数学学习评价	3	简答题
11	数学思想方法（数学教育基本理论）	1	论述题
12	教学过程	2	案例分析、教学设计题
13	数学思维过程和特点	1	简答题
14	学情分析	1	教学设计题
15	中学数学课程	4	简答题
16	数学运算	1	简答题
17	教学原则	3	论述题
18	教学重难点	3	教学设计题
19	数学课程标准	4	选择、简答、案例分析
20	教育任务之创新意识	2	选择题
21	课标的行动名词	2	选择、简答题
23	信息技术与教学手段	1	论述题
24	课程的地位与作用	1	案例分析题
25	习题设计	3	教学设计题
26	对学生的评价方式	1	简答题
27	教学探究活动	1	案例分析题
28	设计意图	3	教学设计题

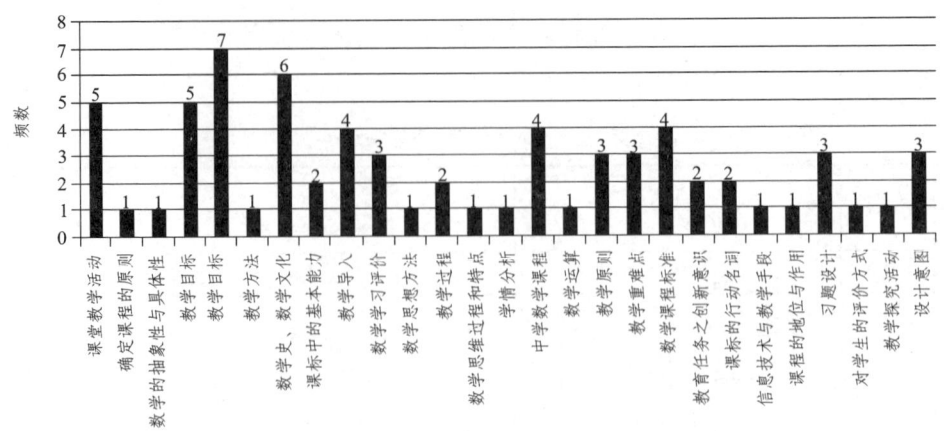

图 2.1　2014—2019 年常考点及其出现的频数

从以上统计中可以看出，真题中考查教育教学能力部分知识的题型有选择题、简答题、解答题、论述题、案例分析题和教学设计题.对这部分知识，考查的知识点数量多，知识点间的联系密切.常考点包括课堂教学、教学原则、中学数学课程、中学数学课程标准、数学史与数学文化、完整的教案设计等.其中，高频考点为教学目标、数学史与数学文化、课堂教学活动、概念教学，被考查的频数分别为 7 次、6 次、5 次、5 次.教学导入、中学数学课程、中学数学课程标准、教学原则、教学设计意图等也是经常考查的知识点.故考生在复习时，应全面复习，不仅要掌握知识点本身，还应掌握知识点间的联系，并学会利用知识解决实际教学中的问题.

2014 年以来的具体真题及详细解答，参见第五至第八章.

# 第 3 章　数学教育知识概览（上）

第 1 节　数学课程标准主要内容摘录

一、《义务教育阶段（7~9 年级）数学课程标准》（2011 版）主要内容摘录

（一）课程性质

义务教育阶段的数学课程是培养公民素质的基础课程，具有基础性、普及性和发展性的特点．数学课程能使学生掌握必备的基础知识和基本技能，培养学生的抽象思维和推理能力；培养学生的创新意识和实践能力；促进学生在情感、态度与价值观等方面的发展．义务教育的数学课程能为学生未来生活、工作和学习奠定重要的基础．

（二）课程基本理念

（1）数学课程应致力于实现义务教育阶段的培养目标，要面向全体学生，适应学生个性发展的需要，使得：人人都能获得良好的数学教育，不同的人在数学上得到不同的发展．

（2）课程内容要反映社会的需要、数学的特点，要符合学生的认知规律．它不仅包括数学的结果，也包括数学结果的形成过程和蕴涵的数学思想方法．课程内容的选择要贴近学生的实际，有利于学生体验与理解、思考与探索．课程内容的组织要重视过程，处理好过程与结果的关系；要重视直观，处理好直观与抽象的关系；要重视直接经验，处理好直接经验与间接经验的关系．课程内容的呈现应注意层次性和多样性．

（3）教学活动是师生积极参与、交往互动、共同发展的过程．有效的教学活动是学生学与教师教的统一，学生是学习的主体，教师是学习的组织者、引导者与合作者．

数学教学活动，特别是课堂教学应激发学生兴趣，调动学生积极性，引发学生的数学思考，鼓励学生的创造性思维；要注重培养学生良好的数学学习习惯，使学生掌握恰当的数学学习方法．

学生学习应当是一个生动活泼的、主动的和富有个性的过程．认真听讲、积极思考、动手实践、自主探索、合作交流等，都是学习数学的重要方式．学生应当有足够的时间和空间经历观察、实验、猜测、计算、推理、验证等活动过程．

教师教学应该以学生的认知发展水平和已有的经验为基础，面向全体学生，注重启发和因材施教．教师要发挥主导作用，处理好讲授与学生自主学习的关系，引导学生独立思考、主动探索、合作交流，使学生理解和掌握基本的数学知识与技能，体会和运用数学思想与方法，获得基本的数学活动经验．

（4）学习评价的主要目的是全面了解学生数学学习的过程和结果，激励学生学习和改进教师教学．应建立目标多元、方法多样的评价体系．评价既要关注学生学习的结果，也要重视学习的过程；既要关注学生数学学习的水平，也要重视学生在数学活动中所表现出来的情感与态度，帮助学生认识自我、建立信心．

（5）信息技术的发展对数学教育的价值、目标、内容以及教学方式产生了很大的影响．数学课程的设计与实施应根据实际情况合理地运用现代信息技术，要注意信息技术与课程内容的整合，注重实效．要充分考虑信息技术对数学学习内容和方式的影响，开发并向学生提供丰富的学习资源，把现代信息技术作为学生学习数学和解决问题的有力工具，有效地改进教与学的方式，使学生乐意并有可能投入到现实的、探索性的数学活动中去．

（三）课程总目标

通过义务教育阶段的数学学习，学生能：

（1）获得适应社会生活和进一步发展所必需的数学的基础知识、基本技能、基本思想、基本活动经验（四基）．

（2）体会数学知识之间、数学与其他学科之间、数学与生活之间的联系，运用数学的思维方式进行思考，增强发现和提出问题的能力、分析和解决问题的能力（四能）．

（3）了解数学的价值，提高学习数学的兴趣，增强学好数学的信心，养成良好的学习习惯，具有初步的创新意识和科学态度．

课程总目标 4 个方面的具体阐述如表 3.1 所示．

表 3.1　课程总目标

知识技能	1. 经历数与代数的抽象、运算与建模等过程，掌握数与代数的基础知识和基本技能． 2. 经历图形的抽象、分类、性质探讨、运动、位置确定等过程，掌握图形与几何的基础知识和基本技能． 3. 经历在实际问题中收集和处理数据、利用数据分析问题、获取信息的过程，掌握统计与概率的基础知识和基本技能． 4. 参与综合实践活动，积累综合运用数学知识、技能和方法等解决简单问题的数学活动经验
数学思考	1. 建立数感、符号意识和空间观念，初步形成几何直观和运算能力，发展形象思维与抽象思维． 2. 体会统计方法的意义，发展数据分析观念，感受随机现象． 3. 在参与观察、实验、猜想、证明、综合实践等数学活动中，发展合情推理和演绎推理能力，清晰地表达自己的想法． 4. 学会独立思考，体会数学的基本思想和思维方式
问题解决	1. 初步学会从数学的角度发现问题和提出问题，综合运用数学知识解决简单的实际问题，增强应用意识，提高实践能力． 2. 获得分析问题和解决问题的一些基本方法，体验解决问题方法的多样性，发展创新意识． 3. 学会与他人合作交流． 4. 初步形成评价与反思的意识
情感态度	1. 积极参与数学活动，对数学有好奇心和求知欲． 2. 在数学学习过程中，体验获得成功的乐趣，锻炼克服困难的意志，建立自信心． 3. 体会数学的特点，了解数学的价值． 4. 养成认真勤奋、独立思考、合作交流、反思质疑等学习习惯． 5. 形成坚持真理、修正错误、严谨求实的科学态度

总目标的这 4 个方面，不是相互独立和割裂的，而是一个密切联系、相互交融的有机整体．在课程设计和教学活动组织中，应同时兼顾这 4 个方面的目标．这些目标的整体实现，是学生受到良好数学教育的标志，它对学生的全面、持续、和谐发展有着重要的意义．数学思考、问题解决、情感态度的发展离不开对知识技能的学习，知识技能的学习必须有利于其他 3 个目标的实现．

（四）第三学段（7~9年级）数学课程目标

1. 知识技能

（1）体验从具体情境中抽象出数学符号的过程，理解有理数、实数、代数式、方程、不等式、函数；掌握必要的运算（包括估算）技能；探索具体问题中的数量关系和变化规律，掌握用代数式、方程、不等式、函数进行表述的方法．

（2）探索并掌握相交线、平行线、三角形、四边形和圆的基本性质与判定方法；掌握基本的证明方法和基本的作图技能；探索并理解平面图形的平移、旋转、轴对称；认识投影与视图；探索并理解平面直角坐标系及其应用．

（3）体验数据收集、处理、分析和推断过程，理解抽样方法，体验用样本估计总体的过程；进一步认识随机现象，能计算一些简单事件的概率．

2. 数学思考

（1）通过用代数式、方程、不等式、函数等表述数量关系的过程，体会模型的思想，建立符号意识；在研究图形性质和运动、确定物体位置等过程中，进一步发展空间观念；经历借助图形思考问题的过程，初步建立几何直观．

（2）了解利用数据可以进行统计推断，发展建立数据分析观念；感受随机现象的特点．

（3）体会通过合情推理探索数学结论、运用演绎推理加以证明的过程，在多种形式的数学活动中，发展合情推理与演绎推理的能力．

（4）能独立思考，体会数学的基本思想和思维方式．

3. 问题解决

（1）初步学会在具体的情境中从数学的角度发现问题和提出问题，并综合运用数学知识和方法等解决简单的实际问题，增强应用意识，提高实践能力．

（2）经历从不同角度寻求分析问题和解决问题的方法的过程，体验解决问题方法的多样性，掌握分析问题和解决问题的一些基本方法．

（3）在与他人合作和交流过程中，能较好地理解他人的思考方法和结论．

（4）能针对他人所提的问题进行反思，初步形成评价与反思的意识．

4. 情感态度

（1）积极参与数学活动，对数学有好奇心和求知欲．

（2）感受成功的快乐，体验独自克服困难、解决数学问题的过程，有克服困难的勇气，具备学好数学的信心．

（3）在运用数学表述和解决问题的过程中，认识数学具有抽象、严谨和应用广泛的特点，体会数学的价值．

（4）敢于发表自己的想法、勇于质疑、敢于创新，养成认真勤奋、独立思考、合作交流等学习习惯，形成严谨求实的科学态度．

二、《普通高级中学数学课程标准》（2017版）主要内容摘录

（一）课程性质

数学是研究数量关系和空间形式的一门科学．数学源于对现实世界的抽象，基于抽象结构，通过符号运算、形式推理、模型构建等，理解和表达现实世界中事物的本质、关系和规律．数学与人类生活和社会发展紧密关联．数学不仅是运算和推理的工具，还是表达和交流的语言．数学承载着思想和文化，是人类文明的重要组成部分．数学是自然科学的重要基础，并且在社会科学中发挥着越来越大的作用，数学的应用已渗透到现代社会及人

们日常生活的各个方面.随着现代科学技术特别是计算机科学、人工智能的迅猛发展,人们获取数据和处理数据的能力都得到很大的提升.伴随着大数据时代的到来,人们常常需要对网络、文本、声音、图像等反映的信息进行数字化处理,这使数学的研究领域与应用领域得到极大拓展.数学直接为社会创造价值,推动社会生产力的发展.

数学在形成人的理性思维、科学精神和促进个人智力发展的过程中发挥着不可替代的作用.数学素养是现代社会每一个人应该具备的基本素养.

数学教育承载着落实立德树人根本任务、发展素质教育的功能.数学教育帮助学生掌握现代生活和进一步学习所必需的数学知识、技能、思想和方法;提升学生的数学素养,引导学生会用数学眼光观察世界,会用数学思维思考世界,会用数学语言表达世界;促进学生思维能力、实践能力和创新意识的发展,探寻事物变化规律,增强社会责任感;在学生形成正确人生观、价值观、世界观等方面发挥独特作用.

高中数学课程是义务教育阶段后普通高级中学的主要课程,具有基础性、选择性和发展性的特点.必修课程面向全体学生,构建共同基础;选择性必修课程、选修课程充分考虑学生的不同成长需求,提供多样性的课程供学生自主选择;高中数学课程为学生的可持续发展和终身学习创造条件.

(二)基本理念

1. 学生发展为本,立德树人,提升素养

高中数学课程以学生发展为本,落实立德树人根本任务,培育科学精神和创新意识,提升数学学科核心素养.高中数学课程面向全体学生,实现人人都能获得良好的数学教育,不同的人在数学上得到不同的发展.

2. 优化课程结构,突出主线,精选内容

高中数学课程体现社会发展的需求、数学学科的特征和学生的认知规律,发展学生数学学科核心素养.优化课程结构,为学生发展提供共同基础和多样化选择;突出数学主线,凸显数学的内在逻辑和思想方法;精选课程内容,处理好数学学科核心素养与知识技能之间的关系,强调数学与生活以及其他学科的联系,提升学生应用数学解决实际问题的能力,同时注重数学文化的渗透.

3. 把握数学本质,启发思考,改进教学

高中数学教学以发展学生数学学科核心素养为导向,创设合适的教学情境,启发学生思考,引导学生把握数学内容的本质.提倡独立思考、自主学习、合作交流等多种学习方式,激发学习数学的兴趣,养成良好的学习习惯,促进学生实践能力和创新意识的发展.注重信息技术与数学课程的深度融合,提高教学的实效性.不断引导学生感悟数学的科学价值、应用价值、文化价值和审美价值.

4. 重视过程评价,聚焦素养,提高质量

高中数学学习评价关注学生知识技能的掌握,更关注数学学科核心素养的形成和发展,制定科学合理的学业质量要求,促进学生在不同学习阶段数学学科核心素养水平的达成.评价既要关注学生学习的结果,更要重视学生学习的过程.开发合理的评价工具,将知识技能的掌握与数学学科核心素养的达成有机结合,建立目标多元、方式多样、重视过程的评价体系.通过评价,提高学生学习兴趣,帮助学生认识自我,增强自信;帮助教师改进教学,提高质量.

(三) 学科核心素养

学科核心素养是育人价值的集中体现,是学生通过学科学习而逐步形成的正确价值观念、必备品格和关键能力.数学学科核心素养是数学课程目标的集中体现,是具有数学基本特征的思维品质、关键能力以及情感、态度与价值观的综合体现,是在数学学习和应用的过程中逐步形成和发展的.数学学科核心素养包括数学抽象、逻辑推理、数学建模、直观想象、数学运算和数据分析.这些数学学科核心素养既相对独立、又相互交融,是一个有机的整体[①].

[①] 关于核心素养以及"三教"教育理念的有关论述,请参见本书附录1.

1. 数学抽象

数学抽象是指通过对数量关系与空间形式的抽象，得到数学研究对象的素养，主要包括从数量与数量关系、图形与图形关系中抽象出数学概念及概念之间的关系，从事物的具体背景中抽象出一般规律和结构，并用数学语言予以表征.

数学抽象是数学的基本思想，是形成理性思维的重要基础，反映了数学的本质特征，贯穿在数学产生、发展、应用的过程中. 数学抽象使得数学成为高度概括、表达准确、结论一般、有序多级的系统.

数学抽象主要表现为获得数学概念和规则，提出数学命题和模型，形成数学方法与思想，认识数学结构与体系.

通过高中数学课程的学习，学生能在情境中抽象出数学概念、命题、方法和体系，积累从具体到抽象的活动经验；养成在日常生活和实践中一般性思考问题的习惯，把握事物的本质，以简驭繁；运用数学抽象的思维方式思考并解决问题.

2. 逻辑推理

逻辑推理是指从一些事实和命题出发，依据规则推出其他命题的素养，主要包括两类：一类是从特殊到一般的推理，推理形式主要有归纳、类比；一类是从一般到特殊的推理，推理形式主要有演绎.

逻辑推理是得到数学结论、构建数学体系的重要方式，是数学严谨性的基本保证，是人们在数学活动中进行交流的基本思维品质.

逻辑推理主要表现为掌握推理基本形式和规则，发现问题和提出命题，探索和表述论证过程，理解命题体系，有逻辑地表达与交流.

通过高中数学课程的学习，学生能掌握逻辑推理的基本形式，学会有逻辑地思考问题；能够在比较复杂的情境中把握事物之间的关联，把握事物发展的脉络；形成重论据、有条理、合乎逻辑的思维品质和理性精神，增强交流能力.

3. 数学建模

数学建模是对现实问题进行数学抽象，用数学语言表达问题、用数学方法构建模型解决问题的素养．数学建模过程主要包括在实际情境中从数学的视角发现问题、提出问题、分析问题、建立模型，确定参数、计算求解，检验结果、改进模型，最终解决实际问题．

数学模型搭建了数学与外部世界联系的桥梁，是数学应用的重要形式．数学建模是应用数学解决实际问题的基本手段，也是推动数学发展的动力．

数学建模主要表现为发现和提出问题，建立和求解模型，检验和完善模型，分析和解决问题．

通过高中数学课程的学习，学生能有意识地用数学语言表达现实世界，发现和提出问题，感悟数学与现实之间的关联；学会用数学模型解决实际问题，积累数学实践经验；认识数学模型在科学、社会、工程技术诸多领域的作用，提升实践能力，增强创新意识和科学精神．

4．直观想象

直观想象是指借助几何直观和空间想象感知事物的形态与变化，利用空间形式特别是图形，理解和解决数学问题的素养，主要包括借助空间形式认识事物的位置关系、形态变化与运动规律；利用图形描述、分析数学问题；建立形与数的联系，构建数学问题的直观模型，探索解决问题的思路．

直观想象是发现和提出问题、分析和解决问题的重要手段，是探索和形成论证思路、进行数学推理、构建抽象结构的思维基础．

直观想象主要表现为建立形与数的联系，利用几何图形描述问题，借助几何直观理解问题，运用空间想象认识事物．

通过高中数学课程的学习，学生能提升数形结合的能力，发展几何直观和空间想象能力；增强运用几何直观和空间想象思考问题的意识；形成数学直观，在具体的情境中感悟事物的本质．

5．数学运算

数学运算是指在明晰运算对象的基础上，依据运算法则解决数学问题的素养．主要包括理解运算对象，掌握运算法则，探究运算思路，选择运算方法，设计运算程序，求得运算结果等．

数学运算是解决数学问题的基本手段，是演绎推理是利用计算机解决问题的基础.

数学运算主要表现为理解运算对象,掌握运算法则,探究运算思路,求得运算结果.

通过高中数学课程的学习,学生能进一步发展数学运算能力;有效借助运算方法解决实际问题;通过运算促进数学思维发展,形成规范化思考问题的品质,养成一丝不苟、严谨求实的科学精神.

6. 数据分析

数据分析是指针对研究对象获取数据,运用数学方法对数据进行整理、分析和推断,形成关于研究对象知识的素养.数据分析过程主要包括收集数据,整理数据,提取信息,构建模型,进行推断,获得结论.

数据分析是研究随机现象的重要数学技术,是大数据时代数学应用的主要方法,也是"互联网+"相关领域的主要数学方法,数据分析已经深入到科学、技术、工程和现代社会生活的各个方面.

数据分析主要表现为收集和整理数据,理解和处理数据,获得和解释结论,概括和形成知识.

通过高中数学课程的学习,学生能提升获取有价值信息并进行定量分析的意识和能力;适应数字化学习的需要,增强基于数据表达现实问题的意识,形成通过数据认识事物的思维品质,积累依托数据探索事物本质、关联和规律的活动经验.

(四)高中数学课程目标

通过高中数学课程的学习,学生能获得进一步学习以及未来发展所必需的数学基础知识、基本技能、基本思想、基本活动经验(简称"四基");提高从数学角度发现和提出问题的能力、分析和解决问题的能力(简称"四能").

在学习数学和应用数学的过程中,学生能发展数学抽象、逻辑推理、数学建模、直观想象、数学运算、数据分析等数学学科核心素养.

通过高中数学课程的学习,学生能提高学习数学的兴趣,增强学好数学的自信心,养成良好的数学学习习惯,发展自主学习的能力;树立敢于质疑、善于思考、严谨求实的科学精神；不断提高实践能力，提升创新意识；认识数学的科学价值、应用价值、文化价值和审美价值.

（五）高中数学课程内容

1. 必修课程

必修课程包括 5 个主题，分别是预备知识、函数、几何与代数、概率与统计、数学建模活动与数学探究活动. 数学文化融入课程内容. 其中，主题 5 为数学建模活动与数学探究活动，其内容要求为数学建模活动是对现实问题进行数学抽象，用数学语言表达问题、用数学方法构建模型解决问题的过程. 主要包括在实际情境中从数学的视角发现问题、提出问题，分析问题、构建模型、确定参数、计算求解，检验结果、改进模型，最终解决实际问题. 数学建模活动是基本数学思维运用模型解决实际问题的一类综合实践活动，是高中阶段数学课程的重要内容.

数学建模活动的基本过程如图 3.1 所示：

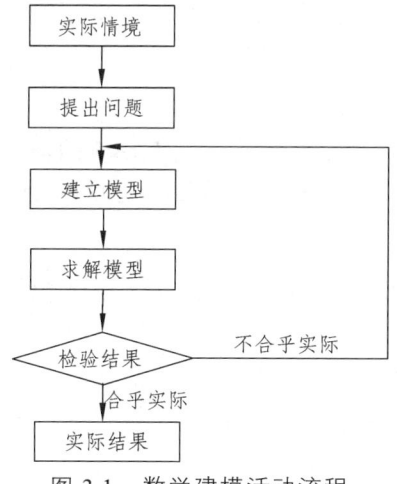

图 3.1　数学建模活动流程

数学探究活动是围绕某个具体的数学问题，开展自主探究、合作研究并最终解决问题的过程，具体表现为发现和提出有意义的数学问题，猜测合理的数学结论，提出解决问题的思路和方案，通过自主探索、合作研究论证数学结论. 数学探究活动是运用数学知识解决数学问题的一类综合实践活动，也是高中阶段数学课程的重要内容．数学建模活动与数学探究活动以课题研究的形式开展，在必修课程中，要求学生完成其中一个课题研究．

2．选择性必修课程

选择性必修课程包括 4 个主题，分别是函数、几何与代数、概率与统计、数学建模活动与数学探究活动．数学文化融入课程内容．

3．选修课程

选修课程是学校根据自身情况选择设置的课程，供学生依据个人志趣自主选择，分为 A、B、C、D、E 5 类．

这些课程为学生确定发展方向提供引导，为学生展示数学才能提供平台，为学生发展数学兴趣提供选择，为大学自主招生提供参考．学生可以根据自己的志向和大学专业的要求选择学习其中的某些课程．

A 类课程是供有志于学习数理类（如数学、物理、计算机、精密仪器等）学生选择的课程；B 类课程是供有志于学习经济、社会类（如数理经济、社会学等）和部分理工类（如化学、生物、机械等）学生选择的课程；C 类课程是供有志于学习人文类（如语言、历史等）学生选择的课程；D 类课程是供有志于学习体育、艺术（包括音乐、美术）类学生选择的课程；E 类课程包括拓展嗜好、日常生活、地方特色的数学课程，还包括大学数学的先修课程等．大学数学先修课程包括微积分、解析几何与线性代数、概率论与数理统计．

数学建模活动、数学探究活动、数学文化融入课程内容．

选修课程的修习情况应列为综合素质评价内容．不同高等院校、不同专业招生，根据需要可以对选修课程中某些内容提出要求．国家、地方政府、社会权威机构可以组织命题考试．考试成绩应存入学生个人学习档案，供高等院校自主招生参考．

（六）学业质量水平

数学学业质量水平是 6 个数学学科核心素养水平的综合表现．每 1 个数学学科核心素养划分为 3 个水平，每 1 个水平是通过数学学科核心素养的具体表现和体现数学学科核心素养的几个方面进行表述. 数学学科核心素养的具体表现参见"学科核心素养与课程目标",体现数学学科核心素养的 4 个方面如下:

情境与问题——情境主要是指现实情境、数学情境、科学情境. 问题是指在情境中提出的数学问题.

知识与技能——主要是指能够帮助学生形成相应数学学科核心素养的知识与技能.

思维与表达——主要是指数学活动过程中反映的思维品质、表述的严谨性和准确性.

交流与反思——主要是指能够用数学语言直观地解释和交流数学的概念、结论、应用和思想方法,并能进行评价、总结与拓展.

第 2 节　数学教育简史

一、古代数学教育

古希腊的学校教育分为初级和中级两个阶段,初级教育持续到 14 岁,数学教学内容主要是一些日常生活中的实用算术. 在接下来的 4 年中级教育中,数学学习科目是几何和天文学. 这一阶段数学教学重点已经转为训练思维和增长才智,但数学的地位仍然不高,在七艺中排在文法、修辞和逻辑学的后面.

古希腊数学将数学理论知识与实际应用分开,摆脱一贯的经验说明方法,把演绎推理作为唯一的数学证明方法,坚持细致、严谨的治学风格. 这种数学观和治学风格在欧几里得的《几何原本》等西方数学教科书中得到了集中体现,并对数学产生了极为深远的影响,以至于《几何原本》和尼可玛可(又译为尼科马霍斯)的《算术入门》[1]成为沿用了一千多年的权威教材.

---

[1] 《算术入门》是古希腊数学中第一本完全脱离几何讲法的算术(即数论)书,对算术成为一个独立学科起了重要作用. 它对于算术的重要性可以与欧几里得(Euclid)的《几何原本》对于几何的重要性相比,它成为此后一千年间的标准算术课本.

同古希腊数学一样,中国古代数学也有着明显的特色.也许是因为当时人们(包括少数的数学家)只看到数学的实用价值而没有发现它的思维训练价值和教育价值,所以中国古代数学发展的目标主要是解决实际应用问题和提高计算技术.这从上千部遗留下来的中国古代数学著作中可以得到佐证,其中最有代表性也最具影响力的是《九章算术》,它奠定了以应用和计算见长的中算风格.

《九章算术》是我国早期形成的数学专著之一.全书采用问题集的形式,按"问""答""术"的顺序编写.因此,对大多数要用数学但又不想深究算理的人来说,只需学会依"术"行事,保证计算结果正确就可以了,而少数以数学为专业的人则可借助《九章算术》的注书,探究"术"中蕴含着的深奥算理.我国历代以来的数学家,无不研习《九章算术》,可见它对我国古代数学的教学和研究有着深刻的影响.

二、近代数学教育

进入 20 世纪以后,人们开始反思学校教育的目的究竟是什么.学校教育如何响应工业的发展、教育的普及、教育理论的革新,于是一场教育改革运动开始酝酿了.

1901 年,近代数学教育改革的倡导者之一、英国著名数学家、数学教育家培利认为应从教学内容和教学原则两方面去改革英国的数学教育,在数学教学内容上,要从欧几里得《几何原本》的束缚中完全解脱出来;要充分重视实验几何学;要重视各种实际测量与近似计算;要充分利用坐标纸;应多教一些立体几何(画法几何);要更多地利用几何学知识;应尽早地教授微积分概念.

在数学教学原则上,培利强调"在儿童们了解事物的根源之前,必须先对那事物有亲近感,并进行观察.即便是简单的事物,与其由教师指出,不如让学生自己去发现".可惜的是,他演说中的建议并没有被当时保守的英国数学教育界所采纳.

与英国的培利改革相呼应,德国数学家 F.克莱因继续推动世界数学教育改革.早在 1900 年,他就强调应用的重要性,建议在中学讲授微积分.

1904年，克莱因在哥廷根大学演讲，主张中学数学内容应以"函数概念"为中心；同年，他还指出，大学教师不仅要懂教育学，还必须注意数学教育的方法.

1905年，由克莱因起草的《数学教学要目》在意大利米兰公布，史称"米兰大纲"，其要点是：① 教材的选择和安排，应适应学生心理的自然发展；② 融合各个教学学科，密切数学与其他学科的联系；③ 不过分强调形式的训练，应重视应用；④ 以函数思想和空间观察能力作为数学教学的基础.

在1908年举行的国际数学家大会上，决定建立"国际数学教育委员会（ICMI）"，克莱因是20世纪初无可争辩的数学教育领袖，他担任ICMI的第一任主席，直到1925年他去世为止.

这一时期我国数学教育主要受到美国、日本、英国的影响，教学内容与这些国家很类似，有算术、代数、平面几何、立体几何、三角和簿记. 进入20世纪以后，教材的形式完全西化，再从教材的选用来看，先是以翻译美国传教士编写的课本为主；后来发展到以翻译英、日、美等国质量较高的课本为主，以国人自编的课本为辅；到民国初年终于发展到以自编的课本为主，以翻译的课本为辅. 20世纪20年代，混合算学也开始在我国流行，但30年代以后，又恢复了分科的做法. 一些国外的分科教材，如《范氏大代数》《三S平面几何》《斯、盖、尼三氏解析几何》等逐渐流行，国人自编教科书虽受一定影响，但使用面较小.

三、现代数学教育

20世纪中叶，国际性的数学教育活动不多. 第二次世界大战以后，各国普遍实行9~12年的义务教育制度. 各国数学教育家开始意识到，以前的数学往往被作为筛子用于选拔人才，现在则必须把数学作为"泵"来提高大众的数学能力，"大众数学"的口号应运而生.

20世纪60年代，一项由国际政治触发的数学教育改革运动风靡全球. 1957年，苏联人造卫星早于美国上天，美国举国震惊. 1958年，美国国会通过"国防教育法"，要求支持教育改革，提高科学教育质量，巩固国防. 以"布尔巴基学派"为首，发起了"新数运动". 当时的思潮认为数学教材内容太陈旧，基本上没有反映20世纪的数学成就，一大批新的数学教材在西方各国涌现，用"新数学"代替"旧数学"的改革运动席卷全球.

经历了20世纪60年代和70年代的发展，"新数运动"最终以失败告终. 学生无法接受大量的抽象而不切实际的数学内容. 80年代，"新数运动"宣布失败，提出"回到基础"的口号，重新注意基本训练.

从20世纪中叶到90年代初，世界数学教育领袖是荷兰数学家弗赖登塔尔. 他主张学习现实数学，提倡从学生的实际出发，注意数学学习心理学的研究. "新数运动"风起云涌之际，弗赖登塔尔持激烈反对态度，后来的事实证明他是对的，这使他声名鹊起.

1967年，弗赖登塔尔当上国际数学教育委员会主席，在他任职期间，做了两件影响深远的事：① 单独举行国际数学教育大会（ICME）；② 提倡数学教育的科学研究. 为了推动数学教育研究，弗赖登塔尔创办了杂志《Educational Study in Mathematics（数学教育研究）》，作为国际数学教育委员会的机关刊物.

另一位数学教育的领袖人物，当推美籍匈牙利数学家乔治·波利亚. 波利亚在1944年出版了《怎样解题》一书，先后被翻译成14种文字，在数学教育界影响巨大. 以后又推出《数学的发现》和《数学与猜想》等一系列有关解数学题的理论著作，用大量的示例加以解释数学问题，风行全世界.

20世纪80年代，美国数学教育界在"回到基础"口号之后，又提出"数学问题解决"的口号，主张数学问题的解决应是数学教育的主要目标. 至此，波利亚的解题理论更成为数学教育研究的热点.

进入21世纪，各国数学课程改革共同面对的现实是：① 数学本身发生了变化. 20世纪下半叶以来，数学最大的发展是应用. 数学正从幕后走到台前，与此同时，纯粹数学也发生了变化，离散数学、非线性数学、随机数学等迅速发展. ② 社会发生了变化. 信息技术、国民经济高速发展，对公民的数学素养有了新要求，这都要求对数学教育做根本性的改革. ③ 教育发生了变化. 世界上中等发达国家，甚至一部分发展中国家，已经实行大众数学教育，原来适合精英教育的数学课程必须进行变革. ④ 教育观念发生了变化. 数学教育从以知识传授为本转向以学生发展为本，国际上盛行的建构主义教学观、问题解决教学模式、探究性与发现式的教学方法以及数学开放题、合作学习、情景创设等，都是数学课程改革中提出的新理念、新追求，迈入 21 世纪的数学教育仍然处于变革之中.

这一时期，我国数学教育也获得了长足发展. 1949 年以后，中央就着手制订全国统一的中学数学教学大纲，其指导思想是"以苏联教学大纲为蓝本". 1961 年，我国贯彻执行"调整、巩固、充实、提高"八字方针，对 1958 年以来的数学教育改革进行了反思.

十一届三中全会以后，我国进入了一个新的历史时期，数学教育有了前所未有的发展，这得益于一系列教育政策的制定. 1978 年 2 月，《全日制十年制学校中学数学教学大纲（试行草案）》颁布并且开始试行. 1992 年，颁布了《九年义务教育全日制初级中学数学教学大纲（试用）》，多种数学教材开始付诸使用，打破了"一纲一本"的局面. 2001 年，《义务教育数学课程标准（实验稿）》颁布，2011 年颁布了修订版；2004 年，《高中数学课程标准（实验稿）》颁布，2017 年颁布了修订稿. 这两份课程标准的颁布，为 21 世纪的国学数学教育提供了比原大纲更符合时代、更切合实际的依据.

伴随着数学课程、数学教材的改革，我国数学教育还有许多可喜的发展与进步，如数学教学方法的改革、数学竞赛活动的开展、数学教育书籍的出版、数学教育杂志的繁荣、数学教育团体的壮大、数学教育成果的丰富、数学教改实验的进行、数学教育的国际交流、数学教育学位点（包括硕士点和博士点）的增多等.

第 3 节　数学教育基本理论

一、弗赖登塔尔的数学教育理论

弗赖登塔尔（Hans Freudenthal，1905—1990），荷兰人，世界著名的数学家和数学教育家，被称为"20 世纪数学教育之父". 他 1967 年当选为国际数学教育委员会主席；1971—1976 年任数学教育研究所所长；1987 年 12 月应邀来上海华东师范大学讲学，并先后三次来中国.

对于数学教育，弗赖登塔尔有自己独到的认识，并出版了《作为教育任务的数学》《除草与播种——数学教育学的序言》《数学结构的教学法现象》《数学教育再探——在中国的三次讲学》等数学教育论著.

总体上讲,弗赖登塔尔所认识的数学教育有 5 个主要特征:

(1) 情境问题是教学的平台;

(2) 数学化是数学教育的目标;

(3) 学生通过自己努力得到结论和创造是教育内容的一部分;

(4) "互动"是主要的学习方式;

(5) 学科交织是数学教育内容的呈现方式.

这些特征又可以用三个词来加以概括——现实、数学化、再创造.

1. 现　实

弗赖登塔尔认为,数学来源于现实,存在于现实,应用于现实,而且每个学生有各自不同的"数学现实".数学现实不等同于客观现实,而是学生从客观现实中抽象、整理出来的数学知识及其现实背景的总和.数学教师的任务之一,就是帮助学生构造数学现实,并在此基础上发展他们的数学现实.因此,在教学过程中,教师应该充分利用学生的认知规律、已有的生活经验和数学实际,灵活处理教材,根据实际需要对原材料进行优化组合.这也就是弗赖登塔尔常说的"数学教育即是现实的数学教育".

关于情境问题,弗赖登塔尔认为,数学教育要引导学生了解周围的世界,周围的世界应该是学生探索的源泉,数学课本在结构上应当从与学生生活体验密切相关的问题开始,发现数学概念和解决实际问题,实现数学化.

2. 数学化

弗赖登塔尔的名言:与其说是学习数学,还不如说是学习"数学化";与其说是学习公理系统,还不如说是学习"公理化";与其说是学习形式体系,还不如说是学习"形式化".

什么是数学化呢?弗赖登塔尔认为,人们在观察、认识和改造客观世界的过程中,运用数学的思想和方法来分析和研究客观世界的种种现象并加以整理和组织的过程,就叫作数学化.说简单点,数学地组织现实世界的过程就是数学化.数学化是一个由浅入深、具有不同层次、不断发展的过程.

具体来说,现实数学教育的数学化有两种形式:一是将实际问题转化为数学问题的数学化,即发现实际问题中的数学成分,并对这些成分做符号化处理,即生活数学的数学化(水平数学化);二是从符号到概念的数学化,即在数学范畴之内对已经符号化的问题做进一步抽象化处理,即数学问题的进一步抽象(垂直数学化).

3. 再创造

弗赖登塔尔认为存在两种数学,一种是现成的或已完成的数学,另一种是活动的或者创新的数学.完成的数学在人们面前以形式演绎的方式出现,它完全颠倒了数学的思维过程和实际创造过程,给予人们的是思维的结果;活动的数学则是数学家发现和创造数学的过程的真实体现,它表明数学是一种艰难曲折又生动有趣的活动过程.

弗赖登塔尔所说的"再创造",其核心是数学创造过程的再现.学生"再创造"的过程实际上就是一个"做数学"的过程,这是数学教育的一个重要观点.它强调学生学习数学是一个经验、理解和反思的过程,强调以学生为主体的学习活动对学生理解数学的重要性,强调激发学生主动学习的重要性,并认为"做数学"是学生理解数学的重要条件.教师的任务是引导和帮助学生去进行这种再创造.

弗赖登塔尔将这一思想进一步发展成为"学一个活动的最好方法是实践",这样提法的目的是将强调的重点从教转向学,从教师的行为转到学生的活动,并且从感觉的效应转为运动的效应.就像游泳,本身也有理论,学游泳的人也需要观摩教练的示范动作,但更重要的是他必须下水去实地练习,老是站在陆地上是永远也学不会游泳的(在游泳中学游泳,在做数学中学数学).

提倡按"再创造"原则来进行数学教育,就是基于以上原理.弗赖登塔尔认为可以从教育学的角度来找到这一做法的合理根据,至少可以提出以下3点:① 通过自身活动所得到的知识与能力比由旁人硬塞的理解得透彻,掌握得快,同时也善于应用,一般来说还可以保持较长久的记忆;② 发现是一种乐趣,通过"再创造"来进行学习能够引起学生的兴趣,并激发其学习动力;③ 通过"再创造"方式,可以进一步促进人们形成数学教育是一种人类活动的看法.

二、波利亚的数学教育理论

乔治·波利亚（George Polya，1887—1985），美籍匈牙利数学家，法国科学院、美国全国科学院和匈牙利科学院的院士．他对实变函数、复变函数、组合论、概率论、数论、几何等若干分支领域都做出了开创性的贡献，一些术语和定理都以他的名字命名．由于他在数学教育方面所取得的成就和对世界数学教育所产生的影响，在他93岁高龄时，被ICME（国际数学教育大会）聘为名誉主席．

波利亚著有著名的数学教育三部曲：《怎样解题》（1944）、《数学的发现》（1954）和《数学与猜想》（1961），并被译成多国文字出版．

1. 波利亚的数学教育观

波利亚认为，数学教育的根本目的是"教会学生思考"——不只是传授知识，更应努力发展学生运用所学知识的能力，应该强调技能、技巧、有益的思考方式和理想的思维习惯．

为了教会学生思考，教师在教学时要遵循学习过程的3个原则：

（1）主动学习——尽量让学生在现有条件下亲自发现尽可能多的东西．

（2）最佳动机——激发学生在学习中的好奇心，并寻求欢乐．

（3）循序渐进——从行动与感知开始，发展到词语与概念，养成合理的思维习惯．

波利亚建议，要成为一名好的数学教师必须具备两方面的知识，一是数学内容的知识；二是数学教学法的知识．一般中学数学教师最大的缺陷在于没有主动完成教学工作的经验．

具体而言，波利亚给数学教师提出了"十条建议"：

（1）对数学有兴趣．

（2）熟知数学．

（3）懂得学习的途径——亲自独立地发现所学东西的奥妙．

（4）努力观察学生的面部表情．

（5）传授知识、技能技巧，培养思维方式、科学的工作习惯．

（6）让学生学会猜想.

（7）让学生学会证明问题.

（8）揭示存在于具体情况的一般模式.

（9）让学生独立地找出尽可能多的东西.

（10）启发问题.

2. 波利亚关于解题的研究

为了回答"一个好的解法是如何想出来的"这个令人困惑的问题，波利亚专门研究了解题的思维过程，并把研究所得写成《怎样解题》一书. 在这本书中给出了著名的"怎样解题表"（见表 3.2）

表 3.2　怎样解题

	理解题意
第一，你必须弄清问题	（1）未知数是什么？已知数是什么？条件是什么？满足条件是否可能？要确定未知数，条件是否充分？或者它是否不充分？或者是多余的？或者是矛盾的？ （2）画一张图，引入适当的符号. （3）把条件的各个部分分开，你能否把它们写下来？
	拟订计划
第二，找出已知数和（与）未知数之间的联系，如果找不出直接的联系，你可能不得不考虑辅助的问题，你应该最终得出一个求解的计划	（1）你以前见过它吗？你是否见过相同的或形式稍有不同的问题？ （2）你是否知道与此有关的问题？你是否知道一个可以用得上的定理？ （3）看着未知数！试想出一个具有相同未知数或相似未知数的熟悉的问题. （4）这里有一个与你现在的问题有关，且早已解决的问题. 你能不能利用它？你能利用它的结果吗？你能利用它的方法吗？为了利用它你是否应该引入某些辅助元素？

续表

第二，找出已知数和（与）未知数之间的联系，如果找不出直接的联系，你可能不得不考虑辅助的问题，你应该最终得出一个求解的计划	（5）你能不能重新叙述这个问题，你能不能用不同的方法重新叙述它？ （6）回到定义中去. （7）如果你不能解决所提出的问题，可以先解决一个与此问题有关的问题，你能不能想出一个更容易着手的问题？一个更普遍的问题？一个更特殊的问题？一个类比的问题？你能不能解决这个问题的一部分？仅仅保持条件的一部分舍去其余部分，这样对于未知数能确定到什么程度？它会怎样变化？你能不能从已知数据导出某些有用的东西？你能不能想出适于确定未知数的其他数据？如果需要的话，你能不能改变未知数或数据，或者二者都改变，以使未知数和新数据彼此更接近？ （8）你是否利用了所有的已知数据？你是否利用了整个条件？你是否考虑了包含在问题中的所有必要的概念
第三，实现你的计划	实现计划
	（1）实现你的求解计划，检验每个步骤. （2）你能否清楚地看出这一步骤是正确的，你能否证明这一步骤是正确的？
第四，验算所得到的解	回顾反思
	（1）你能否检验这个论证？你能否用别的方法导出这个结果？你能不能一下子看出它来？ （2）你能不能把这个结果或方法用于其他的问题？

以上的问题，可以统称为"怎样解题"的提示语. 利用"怎样解题"的提示语解数学题，可以帮助学生弄清问题中的各个元素，从目标入手，找到已知量、未知量之间的联系，逐步深入问题的核心，从而解决数学问题. 这些提示语，看似平淡无奇，但由于它们均是从问题中基本元素的定义和性质出发，层层深入步步逼近问题的核心. 因此，这些提示语在解题中的成功运用，往往能帮助学生抓住问题的本质，在解题过程中化繁为简、化难为易.

在数学教学中,教师可以尝试用"怎样解题"的提示语展开教学,利用这些提示语帮助学生理解题意、弄清问题、找到问题的解决办法.学生在教师的示范和引导之下,能够学会用"怎样解题"的提示语解数学题,并将其逐步内化,最终发展成为自己的解题提示语.

三、建构主义的数学教育理论

建构主义(constructivism)有时候也被译作结构主义,理论根源可追溯到2 500多年前.现代建构主义主要吸收了杜威的经验主义和皮亚杰的结构主义与发生认识论等思想,并在总结20世纪60年代以来各种教育改革方案经验的基础上演变和发展起来的.在教育领域中常常谈论的建构主义具有认知理论和方法论的双重身份.建构主义理论关于数学教育的一些基本认识如下:

1. 数学知识是什么

数学知识不是对现实的纯粹客观的反映,任何一种传载知识的符号系统也不是绝对真实的表征,它只不过是人们对客观世界的一种解释、假设或假说.它不是问题的最终答案,它必将随着人们认识程度的深入而不断地变革、升华和改写,出现新的解释和假设.

数学知识不可能以实体的形式存在于个体之外,真正的理解只能是由学习者自身基于自己的经验背景而建构起来的,取决于特定情况下的学习活动过程.否则,就不叫理解,而是叫死记硬背或生吞活剥,是被动的复制式学习.

2. 学生如何学习数学

学习不是由教师把知识简单地传递给学生,而是由学生自己建构知识的过程.学生不是简单被动地接收信息,而是主动地建构知识的意义,这种建构是无法由他人来代替的.

学习不是被动接收信息刺激,而是主动地建构意义,是根据自己的经验背景,对外部信息进行主动地选择、加工和处理,从而获得自己的意义.外部信息本身没有什么意义,意义是学习者通过新旧知识经验间的反复的、双向的相互作用过程而建构成的. 因此, 学习不是像行为主义所描述的"刺激—反应"那样.

学习意义的获得, 是每个学习者以自己原有的知识经验为基础, 对新信息重新认识和编码, 建构自己的理解. 在这一过程中, 学习者原有的知识经验因为新知识经验的进入而发生调整和改变.

3. 教师如何开展课堂教学

与传统教学的 3 个假设相对应, 建构主义指导下的课堂教学基于如下 3 个基本假设: ① 教师必须建立学生理解数学的模式, 教师应该建立反映每个同学建构状况的"卷宗", 以便判定每个学生建构能力的强弱; ② 教学是师生、生生之间的互动; ③ 学生自己决定建构是否合理.

根据上述教学目的和假设, 一个数学教师在建构主义的课堂上就需要做以下 6 件事:

(1) 加强学生的自我管理和激励他们为自己的学习负责.

(2) 发展学生的反省思维.

(3) 建立学生建构数学的"卷宗".

(4) 观察、参与学生尝试、辨认与选择解题途径的活动.

(5) 反思与回顾解题途径.

(6) 明确活动、学习材料的目的.

需要强调的是对于建构主义学说, 我们应当吸取精华, 拒绝一些"极端的""唯心"的成分, 以便真正有助于我国的数学教育改革.

四、"双基""四基"和数学核心素养

1952 年 3 月, 教育部颁发的《中学暂行规程 (草案)》中提出: 中学的教育目标之一, 是使学生"得到现代化科学的基础知识和技能, 养成科学的世界观". 这是"双基"概念首次被提出.

自此, 我国数学教育界开始使用"双基"概念, "双基"是指数学的基础知识、数学的基本技能. 数学双基教学是植根于中国本土的教学观念, 带有鲜明的中国特色, 是中国数学教育的优势所在. 历史经验告诉我们, 什么

时候加强双基，教学质量就提高；什么时候削弱双基，教学质量就下降. 实行数学双基教学，应当是我国数学教学长期坚持的方针.

教育部于2011年12月28日正式公布了《义务教育数学课程标准(2011年版)》，它明确提出了"四基"，即数学的基础知识、基本技能、基本思想方法和基本活动经验，并把它们确定为我国义务教育数学课程的基本目标. 数学教学是数学活动的教学. 学生在各种数学活动中生成、拓展、提升与交流数学活动经验的过程，同时也是他们获得数学的基础知识、基本技能与基本思想的过程.

基础知识和基本技能形成了学生的知识系统，而基本活动经验形成的是经验系统，两个系统有机结合、相互促进才能构成完整的数学知识结构. 数学活动是形成这个结构的纽带.

《普通高中数学课程标准》指出："数学核心素养是数学课程目标的集中体现，是在数学学习的过程中逐渐形成的. 数学核心素养是具有数学基本特征的、适应个人终身发展和社会发展需要的人的思维品质与关键能力. 高中阶段数学核心素养包括数学抽象、逻辑推理、数学建模、直观想象、数学运算和数据分析. 这些数学核心素养既有独立性，又相互交融，形成一个有机整体."

从"双基"到"四基"，再到数学核心素养，数学教育目标是一脉相承的. 1992年中华人民共和国国家教育委员会制订的《九年义务教育全日制初级中学数学教学大纲（试用）》把数学思想和方法含在"双基"里面，其对基础知识的表述为"初中数学的基础知识主要是初中代数、几何中的概念、法则、性质、公式、公理以及由其内容反映出来的数学思想和方法.""四基"把"数学基本思想"从"双基"里面单独列出来，另外再加上"数学基本活动经验"，这是对"双基"的继承和发展. 数学核心素养（高中）包括数学抽象、逻辑推理、数学建模、直观想象、数学运算、数据分析. 其中，前3个是数学基本思想，也是传承；后3个是传统的数学能力. 因此，基于"四基"的数学教学也是基于数学核心素养的数学教学.

第4章 数学教育知识概览（下）

第1节 数学教学目标

"教什么？达到什么程度？"是数学教学设计的核心问题．数学教学设计首先要进行目标设计．教学目标有不同的类型，也有不同的要求．

一、数学教学目标的类型

数学教学目标可分为总体目标、学段目标、内容目标、课堂教学目标等类型．总体目标，是指义务教育阶段和高中阶段对数学教育要达到什么程度的总体表述，一般分为知识技能、数学思考、问题解决、情感态度四个部分，可参见第3章第1节．其中，义务教育阶段又分为1~3年级、4~6年级、7~9年级3个学段，每个学段有具体的数学教育目标．其中，初中数学即 7~9 年级的数学教育学段目标请参见第 3 章第 1 节．内容目标，是针对每一阶段数学课程具体模块（如义务教育阶段的数学课程内容分成数与代数、图形与几何、统计与概率、综合与实践 4 大模块）对课程内容做出的具体规定．课堂教学目标即是指一节课的教学目标．

总体目标、学段目标和内容目标是宏观目标，是远期目标，它们要由一节一节课的课堂教学目标来具体体现、落实．下面重点谈一谈课堂教学目标的设计．

二、数学课堂教学目标的设计

一般来说，义务教育阶段和高中阶段的数学课堂教学目标都可以按照三维目标体系（知识与技能、过程与方法、情感态度与价值观）来进行设计：

1. 知识与技能目标

这一维度指的是数学的基础知识与基本技能（与前面的双基相对应）. 其内容主要包括 3 个方面：一是数学概念、数学原理（即定理、性质、公式、法则等）、基本的数学事实结论等一些用于回答"是什么"的陈述性知识，属于言语信息；二是数学概念、数学原理、基本的数学事实结论的运用，用于回答"做什么"，属于认知技能；三是数学操作性技能，属于动作技能，主要解决"怎么办"的问题.

知识与技能目标一般又分为四个层次：

了解：能回忆出知识的言语信息；能辨认出知识的常见例证；会举例说明知识的相关属性.

理解：能把握知识的本质属性；能与相关知识建立联系；能区别知识的正例与反例.

掌握：在理解的基础上，能直接把知识运用于新的情境.

综合运用：能综合运用所学知识解决问题.

2. 过程与方法目标

过程与方法目标是通过数学学习过程，把握数学思想方法，形成数学能力，发展数学思维和数学意识（如统计意识、应用意识、创新意识），提高问题解决能力.

描述过程与方法目标的常见术语有经历……的过程、培养……的能力、领悟……的思想方法、发展……的意识、学习……解决问题的方法；观察、参与、尝试、探索、研究、发现、合作、交流、反思等体现过程性和方法性的词语.

3. 情感态度与价值观目标

情感是指，在数学活动过程中的比较稳定的情绪体验. 态度是指，对数学活动、数学对象的心理倾向或立场——对数学持有的较为稳定的总体看法、观念. 态度包括对数学学科的态度（即数学信念）、对数学的兴趣、对具体数学内容的态度. 这一维度的内容还包括宏观的价值观和数学审美观等. 例如，对数学的科学价值、应用价值和文化价值的看法；辩证法的观点；

数学的简洁美、对称美、统一美、和谐美等的认识.

刻画情感态度目标的术语有感受……，体会……，领悟……，形成……观点（看法），养成……习惯，欣赏……之美.

情感态度价值观属于内隐的心理结构，不是明确知识，而是意会知识，无法通过直接传授而获得，必须通过对具体知识的学习间接获得.因此，在进行情感态度与价值观目标的设计时，一定要结合具体数学知识及其学习过程，切忌空洞的一般化描述或不切实际的胡乱设计（数学教学目标设计的具体见第 8 章）.

第 2 节　数学教学原则

数学教学原则，既要符合一般的教学原则，又必须体现数学学科的特点.

关于一般的教学原则，比较权威的是王策三先生在《教学论稿》中给出的八条：① 思想性与科学性统一的原则；② 理论联系实际的原则；③ 教师主导作用和学生主动性统一的原则；④ 系统性原则；⑤ 直观性原则；⑥ 巩固性原则；⑦ 量力性原则；⑧ 因材施教原则.

数学学科的特殊性，要求数学教学原则必须具有鲜明的数学特点.关于数学教学原则，国内教育界长期的提法是具体与抽象相结合；理论与实践相结合；严谨性与量力性相结合；巩固与发展相结合，以及其他一些相关提法.

数学教学研究的结果表明，数学学习是再创造（参见第三章"弗赖登塔尔的数学教育思想"）的过程.数学是"做"出来的，学生通过做题，通过数学活动，找到数学知识之间的内部联系，整体地看待数学，提炼其中的数学思想方法，形成数学思维品质，并服务于现实社会.

因此，结合数学学科自身的特点，结合数学教学的实际过程，数学教学原则还可以概括为学习数学化的原则、适度形式化的原则、问题驱动的原则、渗透数学思想方法的原则.

一、学习数学化的原则

数学化是弗赖登塔尔提出来的（参见第三章"弗赖登塔尔的数学教育

思想"),他认为"与其说学习数学,不如说学习数学化". 数学作为人类的一种活动,它的主要特征就是"数学化",数学学习的过程就是数学化的过程. 数学化,就是学会用数学的观点考察现实,运用数学的方法解决问题.

当我们面对一个情境,如果是一个小学生,必须区分该情境究竟是"加法"问题,还是"减法"问题;一个中学生则要看得出这是方程问题,还是函数问题. 或是一个概率问题. 接着还要判断这个问题是否有解,如何解,解答是否符合实际,不断调整和反思. 这种数学化的学习,和单纯记忆"知识点",背诵题型,搞题海战术的教学是不同的.

将这一原则运用在课堂教学上,就是要正确设定教学目标,突出所教内容的数学本质,显示课程所具有的数学价值. 举例来说,如果教学内容是"方程",那就要揭示方程概念的实质:为了寻求未知数,在已知数和未知数之间建立起来一种等量关系. 学生有了这样的数学化观念,就能将许多现实问题列为方程,做到数学化.

数学化和数学建模关系密切,我们在教学改革中,强调数学情境的创设、数据的采集、选择和转换,数学模型的建立,数学方法合理性分析,以及数学解答的检验等,都是符合数学化原则的. 将问题数学化,形成数学问题,获取数学知识的现实来源,是数学教学必须坚持的基本原则之一.

二、适度形式化的原则

形式化是数学的特征. 自从 20 世纪初大数学家希尔伯特提出形式主义数学哲学观以来,数学的形式化特征更加浓烈. 形式化有助于数学理论体系的简单化、严格化和系统化. 由于形式化能够简洁明了地表示纯粹的数量关系,因而可以帮助研究者不断澄清思想、理出线索,寻找本质联系. 形式化的另一重要作用是有助于数学的发现和创造. 已有的数学知识的形式结构,可以为探索和确定未知的数学形式结构提供猜想、类比的基础或提供可借鉴的模型.

数学的形式化包括符号化、逻辑化和公理化 3 个层面. 数学是符号化的形式化语言,数学符号化是形式化的基础. 用一套表意的数学符号,去表达数学对象的结构和规律,从而把对具体数学对象的研究转化为对符号的研究,并生成演绎的体系,这就是数学的形式化.

因此，数学教学的重要目标之一，就是要教学生学会使用符号．从小学开始，加减乘除运算符号、等号的使用，交换律、结合律、分配律的表达，应用题列等式等，都是符号教学的重要内容．进入初中阶段，字母代替数、式进行运算、列方程、建立函数关系、几何证明等，符号起着关键作用．高中阶段及以上，则需要使用集合语言，对数、指数、正弦、余弦，以及微分、积分、向量、矩阵等皆包含大量的运算符号．

然而，数学毕竟不是形式，生动活泼的数学内涵不能淹没在形式主义的海洋中．所以，我们在这里提出的是"适度形式化的原则"．数学教学既要学习符号的使用，学习数学的形式化表达，又要把握好对学生形式化要求的"度"，同时不能忘记了数学知识背后的丰富生活及学科背景．

三、问题驱动原则

"问题驱动"是由数学的特征所确定的．在各门科学中，数学主要以"问题"的方式呈现．所以我们常说"问题是数学的心脏"（哈尔莫斯）．数学问题是数学发展的原始驱动力．中国古代数学经典《九章算术》就是一本问题集；1900 年希尔伯特的 23 个问题，曾预言了数学的发展方向，影响了 20 世纪乃至 21 世纪的数学发展；费马猜想（费马大定理）、庞加莱猜想的证明，更被当作人类智慧的象征．这些例证，均说明了数学问题的重要性．

正因为数学是由问题驱动的，所以数学教学也必须用问题驱动．在数学教学实践中，问题驱动是十分有效的教学方式．20 世纪 80 年代，西方数学教育改革中提出"问题解决"的口号，也并非偶然．

从学习的角度看，"数学是做出来的"．数学学习是"解决问题"，课后练习是"演练问题"，数学考试是"回答问题"，研究性学习也是"研究问题"．数学教学既要让学生会解常规问题，也要能解决非常规问题，在解决问题的过程中学习数学．可以说，问题是贯穿数学教学活动的一条主线，是学生学习数学的重要驱动力．因此，数学教学要坚持"问题驱动原则"．

四、渗透数学思想方法原则

数学思想方法的教学是中国数学教学的特色之一．人们所学到的数学概念、数学定理、数学公式，经过很长一段时间之后，往往会遗忘．但是永远留在记忆之中的，正是数学思想方法．古人云："授之以鱼，不如授之以渔"，这句至理名言也道出了数学思想方法的重要性．

中学数学内容丰富多样，彼此之间存在着内在联系，呈现出很强的层次性和系统性．那么怎样把一些看起来互不相关的数学内容整合在一起呢？一个重要的方面就是提炼数学思想方法．如果把数学问题比作一颗颗珍珠，用数学思想方法串起来，则会变成一件美轮美奂的艺术品．数学思想是一种隐性的数学知识，要在反复的体验和实践中才能使个体逐渐认识、理解、内化到认知结构中．

数学教学要具有创新意义，必须探究和解决非常规数学问题，并在大量的数学实践活动中，从整体上把握数学内部的联系，理解和运用数学思想方法．总之，在数学教学中注意内容的彼此联系，努力渗透并提炼数学思想方法，是我们应当努力运用的原则．

第 3 节 数学教学模式

俗话说"教无定法"，研究、了解教学模式，不是为了"套用模式"，而是为了"运用模式"，最终实现教师的教学从"有模式"的教学向"无固定模式"的转化．这里我们介绍几种常见的数学教学模式．

一、讲授式教学模式

讲授式教学模式也被称为"讲解—传授"式或"讲解—接受"式．自 20 世纪 50 年代以来，讲授式教学模式一直在我国中小学数学课堂教学中占有重要的地位．在这种教学模式下，教师的教学活动主要表现为对数学知识的系统讲解和数学基本技能的传授，学生则是通过听讲理解新知识，掌握数学的基础知识和基本技能，发展数学能力．讲授模式的具体操作过程大致有 5 个教学环节：组织教学、引入新课、讲授新课、巩固练习、布置作业．

讲授式教学模式是一种以教师为中心的"传授知识"型的教学模式，其主要特点是注重知识传授的系统性和教师的主导地位，通常适用于概念性强、综合性强或者比较陌生的课题教学中.讲授式教学的最大益处就是教师能在单位时间内向学生迅速传递较多的知识.建构主义者反对这一种模式,认为学生处于被动的学习状态,乃是机械学习.

事实上,有意义的接受性学习依然是教育的一种主流方式.我国自孔子开始,就坚持运用启发式教学,主张举一反三,使得讲授的内容能够为听众主动接受.许多重大会议上的讲话、优秀的讲座、电视节目中的"演讲节目"等,都是受欢迎的、有效率的讲授.因此,我们也不能一味地排斥讲授式教学模式.当然,要注意讲授的方式方法,要在讲授过程中注意运用启发式教学.

二、讨论式教学模式

讨论式教学模式自古就有,孔子与门徒讨论,苏格拉底与学生对话,都是讨论式.我国数学教学中,从20世纪50年代起,就有课堂上的问答讨论,曾经出现"讲讲、议议、练练"的教学模式.20世纪90年代以来,为了防止"讲授法"的滥用,大力提倡师生谈话模式,它主要是通过师生之间问答式的谈话来完成教学任务.通常,谈话的主要方式是教师提问学生回答,但有时也可以是教师指导下学生之间的相互问答,其主要步骤如下:

(1)提出要谈的问题.

(2)将未数学化的问题数学化,并在需要时对问题进行解释.

(3)组织谈话,鼓励学生讨论与争辩,对学生有突破性的建议及时认可.

(4)逐个考察全班学生初步认可的建议的可行性,圆满解决问题后,请学生总结经验和教训,并对曾提出的各种建议做评价.

与讲授式教学模式相比,讨论式教学模式的特点主要表现为在教学中教师和学生的角色发生了转变,即教师由知识的"代言人"变成了教学活动的组织者,学生由知识的被动接受者变成了某种程度上的知识的建构者.讨论式教学仍然可以由教师主导.提出问题,决定解决问题的方向,归纳讨论的结果等,还是教师起决定性作用.

但是,这种教学模式可能走向极端,如果把"满堂灌"变成了"满堂问",学生依然缺乏自主思考的时间,效果同样不好.

三、学生活动式教学模式

活动式教学模式就是学生在教师的指导下,通过实验、游戏、参观、看视频(电影)、看幻灯片等活动形式,通过感官和肢体操作,全身心地投入数学活动,以获取数学知识、提高数学能力的一种教学模式.其活动单位既可以是一个班的学生,也可以是部分学生;活动场所既可以是课堂,也可以是课外.

其活动主要有量长度、数数目、称重、画图、做模型、估计、听录音(听报告)、看视频(看电影)、比较、分类、处理数据、发现规律等.一种比较现代化的活动是使用数学软件(如几何画板、超级画板等)或图形计算器进行数学活动.比如,在课堂上,学生两人一组利用几何画板的平移、旋转、度量等功能动手实验,并在讨论的基础上对实验结果加以描述,提出猜想.然后,教师组织学生用实验数据验证猜想,并引导学生证明猜想.

除了数学实验形式以外,带有竞争性的游戏也是活动式教学模式的一种主要形式.游戏活动的种类很多,有用于概念学习的,有用于训练推理的,有用于练习几何图形变式的,还有用于练习计算方法的,等等.

活动式教学模式的一个显著特点就是注重直观性,容易提高学生的学习兴趣,通常更适用于较低学段或者某些较为抽象的数学概念或定理的教学.但由于活动式教学模式费时较多,而且容易使学生过于关注活动的外在形式,而忽视了活动本身所蕴含的数学内容,因此不宜在教学中频繁使用.

四、探究式教学模式

探究式教学模式也称为"引导—发现"模式,其主要目标是学习发现问题的方法,培养、提高创造性思维能力,主要操作步骤如下:

(1)教师精心设置问题链.
(2)学生基于对问题的分析,提出假设.
(3)在教师的引导下,学生对问题进行论证,形成确切概念.
(4)学生通过实例来证明或辨认所获得的概念.
(5)教师引导学生分析思维过程,形成新的认知结构.

教师在教学中运用探究式教学模式,不仅使学生体验数学再创造的思维过程,还培养了创新意识和科学精神.目前,这种教学模式在高中阶段的研究性学习和课题学习中被广泛使用．由于研究性学习作为数学课程的一部分正式列入了课程标准，探究式教学正在迅速发展．

五、发现式教学模式

发现式教学模式是指学生在教师的指导下，通过阅读、观察、实验、思考、讨论等方式，像数学家那样去发现问题、研究问题，进而解决问题、总结规律，成为知识的发现者．其基本程序是创设情境、分析研究、猜测归纳、验证反思．其显著特点就是注重数学知识的发生、发展过程，让学生自己发现问题，主动获取知识．因而有利于体现学生的主体地位和解决问题的方法，一般适用于新课讲授、解题教学等课堂教学，也可用于课外教学活动．

教师在一些重要的定义、定理、公式、法则等新知识的教学中，让学生去揭示结论的探索过程，并积极为学生创设再发现的机会和条件，使学生在探索发现过程中得到思维能力和创新精神的培养．在课外活动中，可以让学生根据自己已有的知识经验去发现和探索现实生活中的数学问题．

发现式教学模式的好处就是能使学生在发现中产生"兴奋感"，从"化意外性和复杂性为可预料性和简单性"的行动中获得知识，同时获得具有"迁移性"的数学能力，达到举一反三的效果．不过，由于这种教学模式主要用于一些思维价值较高的课例教学中，因此只适合在程度较好的班级中实施，而不宜在程度较差的班级中采用．由于"发现式学习"所需时间较"系统学习"多，因此，这种教学模式也不宜频繁使用．

除了上述5种教学模式以外，还有其他的数学教学模式．值得指出的是，关于教学模式的建构和选用，需要注意以下几个问题：

（1）注重教学落实，不要追求形式．因为无论是教学模式的采用，还是教学方法的选择，都是为了促进教师高效率地开展教学，促进学生更有效地学习，这是根本目的．

（2）构建和选用某种数学教学模式，都需要充分考虑学生主体性的发挥，同时注意教学的启发性和学生数学思维的发展．

（3）教学模式的选择，主要取决于不同的教学内容，以及不同层次学生的认知水平．

（4）应灵活运用各种教学模式，必要时综合运用各种模式，整体优化数学教学过程.

第4节　数学教学方法

教学方法是教学过程中教师与学生为实现教学目的和教学任务要求，在教学活动中所采取的行为方式的总称，是长期不断总结完善而形成的比较固定的教学形式. 相对于教学模式而言，教学方法更具体、更具有可操作性.

一、讲授法

教师通过语言系统连贯地向学生传授知识的方法称为讲授法. 这是一种最基本的教学方法，其应用广泛，是其他各种教学方法的基础. 这一方法的特点是，教师能依据自己的理解用语言对教学内容进行解释、说明和论证，如解释概念、论证数学公式或定理、阐明解题规律、归纳知识结构等. 一般来说，任何一节课的教学都离不开讲授法，因为许多其他教学方法的运用，都需要讲授法的配合.

讲授法的优点在于教师有较充分的主动性，易于控制课堂教学，可使学生在较短的时间内获得较多的系统知识. 许多知识，通过教师的讲授，学生能比较透彻地理解与掌握. 通过讲授，学生不仅可以学到知识本身，还可以潜移默化地学到教师观察问题、分析问题和解决问题的方法，提高思维能力. 讲授法也有其不足，主要是在于如果运用不当，容易忽视学生的主体性，学生的积极性、主动性受到压制.

教师在运用讲授法时，要注意讲解内容的科学性与思想性，要把握教材内容的全面性和系统性，更要抓住其中的重点、难点和关键，要注意启发学生积极思维. 为此，讲授内容要符合学生的接受水平，还要善于提出富有启迪性的问题，教师所运用的语言要力求明白、准确、生动、富有条理. 较为有效的讲授法应具有以下特点：语言形象，妙趣横生；唤起联想，深入意境；循循善诱，疏导巧引；启发思维，突出特征；深入浅出，举一反三；余味无穷，欲罢不能.

二、阅读法

随着知识爆炸时代、大数据时代的到来,课堂教学要解决的重要问题是培养学生的学习能力,其中良好阅读能力是学习能力的关键.因此,数学教学中对学生阅读能力的培养就显得十分重要,阅读法也就成为一种重要的教学方法.

数学教学中,到底什么时候可以采取阅读法?一般认为,只要不是教材中的难点,也不是例题教学的课型,估计大多数学生有能力理解教材中的知识内涵及思想方法,这些情况下都可以让学生自己阅读.

当然,阅读的形式可以灵活多样一些.有的内容可以由学生自己阅读掌握,这种阅读形式可以称为自学式阅读;有的内容可以让学生先阅读,再由教师系统讲解,或者由教师带领学生一起边阅读边讲解,也就是说将阅读法与讲授法有机结合起来.

在阅读过程中,发现问题和提出问题是十分必要的.在运用阅读法进行教学时,根据具体内容的不同,有的可以先由教师抛出问题,让学生带着问题去阅读;有的可以让学生自己从阅读材料中发现问题、提出问题,这些方法都有助于学生阅读能力的提高.当然,阅读能力的培养并不是几节课或短时间能完成的,教师应该对阅读能力的培养有全面的思考和计划,长期坚持,逐步培养学生在阅读中获取信息、发现问题、提出问题的能力.

三、谈话法(问答法)

谈话法(问答法),在西方源于苏格拉底,在中国应归功于孔子.问答法是教师有计划地提出问题,或由学生针对教学内容和自己在理解或运用知识等方面进行提问,教师引导学生运用已有的经验和知识回答提出的问题,借以获得新知识、巩固旧知识或检查知识的教学方法.

问答法可以起到传授知识、巩固知识、检查知识、活跃课堂氛围、改进教学效果的作用.问答法比较易于集中学生的注意力,激发积极的思维活动,加强信息的双向交流,有利于教师迅速获得反馈信息,从而调整和改善教学活动,提高教学效果.

问答法要求教师有较高的教学艺术水平,善于提出通俗易懂、含义明确、便于理解、前后连贯且富有启发性的问题进行诱导,并能控制整个教学过程,同时也需要学生有一定的基础.教师提问应该是在学生已有知识的基础上,提出学生能够理解的问题,但问题不能过于简单.问题提出以后应引导学生进行积极思维,在学生独立思考后通过合作交流对问题做出回答.

教师发问前要有周密的准备,问题应明确,且必须抓住重点.对于"在什么地方发问?问什么?问谁?怎么问?学生可能会怎么回答?对可能错误的回答如何加以引导纠正……"等问题,教师都要事先考虑周全.

课堂教学中,教师提出的问题始终是课堂教学的焦点.关于问题的种类,一般认为,可以分成以下几类:

(1)元认知问题.此类问题的作用在于促进思维的启动,启发学习的生成.这类问题的一般形式是"我们现在应该研究什么?""可以怎样研究?""你能进一步解释吗?",等等.

(2)开放性问题.此类问题的作用在于促进学生多角度地考虑问题,保证思维的发散性,如"指数函数和对数函数有哪些关系?你打算怎样研究?""我们可以有哪些方法来解决目前的问题?"

(3)导向性问题.此类问题的作用在于趋向目标,促进思维的维持,如"从前面的研究我们可以得出什么结论?"

(4)理解性问题.此类问题的作用是保证思维结果的合理性,如"这个结论是怎样得到的呢?""你能把你的思路告诉我们吗?"

(5)唤起性问题.此类问题的作用是为后续学习准备基础知识.如"过去我们学习过函数的概念吗?是怎样的?""为什么要学习今天的内容?"

(6)判断性问题.此类问题的作用是为思维开始或维持做准备,如"指数函数的这一性质,对应于对数函数有什么相应的性质呢?""上面的解答过程有什么问题吗?"

此外,问答法不仅应注意教师对学生提问,同时还应注意学生对教师的提问或学生之间的提问.或者说,我们更应该注意让学生提出问题.孔子提出:"疑"是"思之始,学之端".美国教育家布鲁巴克也指出"最精湛的教学艺术,遵循的最高准则是让学生自己提出问题."因此鼓励学生质疑、培养学生提出问题,是培养学生学会学习的重要途径,也是问答法教学运用是否有成效的重要标志.

四、讨论法

讨论法是根据教材要求，拟定讨论课题，集体研究探讨、切磋琢磨、集思广益、共同提高的一种教学方法.

课堂讨论能充分发挥集体的智慧，各人从不同的角度、不同的侧面提出问题，各种意见得到发表与交流，使认识更全面，问题解决得更彻底. 讨论中也会暴露出不少问题，便于教师抓住学生的思维脉搏，因势利导.

如教材中有些难点，特别是概念性较强、障碍较多的新知识课，通过讨论，自然会集中到那些"难点""障碍"上去，经过反复研究，概念及知识的获得会比较科学且完整.

在讨论法教学中，教师的主要工作有以下几个方面：

（1）设计讨论的问题. 问题的选取应该贴近课程的精髓；应适合于学生思考；问题的难易、大小、简繁要适当；问题要能激发学生讨论的兴趣.

（2）组织讨论过程. 在讨论开始前，教师应该有具体的讨论方案，并要善于将方案顺利实施. 在讨论的过程中，要善于营造学生乐于参与的氛围.

（3）启发学生思维. 在讨论过程中，教师要通过多种多样的方式、方法、手段、途径，启发学生的思考，启迪学生的智慧，开发学生的潜能.

（4）引导讨论的方向. 教师应该在讨论的过程中，引导学生思维和讨论的方向，指导学生在曲折中前进，让学生体会克服困难的乐趣.

除了上述传统的教学方法以外，近年来，随着课程改革和教学改革的不断深入，我国在数学教学方法上也进行了多次改革，并取得了一定的成效，以下将进一步概要介绍两种新的教学方法.

五、开放性教学方法

开放性教学是创新教学的一种方法（也有人称是一种模式），其宗旨是通过开放性问题的解决，促进学生的自主活动和积极思考，从而使学生的知识与技能、思想与方法、兴趣和爱好等得到和谐发展. 采用这种教学方法的关键是设计出一系列的探索性问题，让学生多方面寻求答案，解决疑问，并从中发现、提出和解决问题,使探究活动不断走向深入.

开放性教学与开放题不同之处在于,开放性教学由一系列问题构成,而每一个问题都有一定程度的开放性.开放性教学的目标应是,充分尊重学生的主体性地位,通过数学教学,在获取数学知识的同时,让学生主动学习并自行获取数学知识,主动参与数学实践,进而获得终身受用的数学能力、创造能力和社会活动能力;在教学中,设计不同的问题,让学生能够按各自不同的目的、不同的能力、不同的兴趣选择不同的数学并得到发展,能力较强者能够积极参与数学活动,有进一步的发展机会;能力较低者也能参与数学活动,完成几项特殊的任务.这个过程体现了教学目标的多元整合性,使学生可以全面发展.(关于数学开放题的研究,有兴趣的读者可以搜索浙江教育学院戴再平教授的相关研究成果.)

六、案例教学法

"案例教学"就是运用"案例"开展教学的一种方法.简单地说,一个案例就是一个实际情境的描述,在这个情境中,包含一个或多个疑难问题,同时也可能包含有解决这些问题的方法.数学案例教学是运用数学教学案例作为典型引路,启发学习者创新性地思考一些问题.数学教学案例具有3个基本特征:客观性、典型性、有效性.

案例的编写是数学课堂教学实施"案例教学"的基础和前提,它必须具有标题、正文、问题等3方面的内容.需要指出的是,问题的表现形式可以是明确的,也可以是隐蔽的,没有问题的案例在教学中基本上是没什么作用的.

案例教学的实施过程是,精选案例—呈现案例—分析讨论—总结评述.

总的来说,案例教学主要有以下优点:① 有利于激发学生对数学学习的兴趣;② 有利于提高学生分析问题和解决问题的能力;③ 有利于促进学生学会沟通与合作;④ 有利于培养学生的综合素质;⑤ 有利于实现教与学的统一.

第5节 数学教学基本课型

一、数学概念教学

（1）数学概念学习的本质.

数学概念是反映客观事物在数量关系和空间形式方面的本质属性的思维形式.

数学概念是进行数学推理和证明的基础和依据，数学中的推理和证明实质上是由一连串的概念、判断和原理组成，而数学中的原理又都是由一些概念构成的.因此，数学概念学习是数学学习的基础，数学概念教学是数学教学最重要的组成部分.

数学概念学习的本质就是概括出数学中一类事物对象共同的本质属性，正确区分同类事物的本质属性与非本质属性，正确理解数学概念的内涵和外延.

一般地，数学概念学习的内容包括4个方面：① 数学概念的名称；② 数学概念的定义；③ 数学概念的例子（包括正例——帮助学生认识概念的本质属性，以及反例——帮助学生认识概念的非本质属性）；④ 数学概念的属性.

概念教学不是低水平的言语学习，而是要帮助学生获得概念的心理意义，即在头脑中形成概念内涵的心理表象，或者说帮助学生在头脑中建构起良好的概念图式，这就是概念教学的本质.

概念图式由一些反映概念属性的观念组成.概念图式中观念的多少、观念的准确与否、观念的深刻程度是反映概念理解水平的重要因素.良好的概念图式由一系列反映概念本质属性的观念组成.比如，关于$\sqrt{a}$的概念教学的本质是帮助学生建构起认知图式："$\sqrt{a}$是一个数；它的平方等于a；它不会是负的，因此在数轴上它可能是原点也可能在原点的右边；$\sqrt{a}$和x都可以看成是表示一个数的符号；这里的a也必须是非负数……"

人们获取概念的主要方式是概念形成和概念同化.概念形成是指从大量具体例子中，归纳概括出一类事物共同的本质属性的过程，这是一种发现学习的过程. 概念同化是指学习者利用认知结构中原有的观念来理解接纳新概念的过程, 这是一种接受学习的过程.

以概念形成的方式获得概念的大致过程如图 4.1 所示.

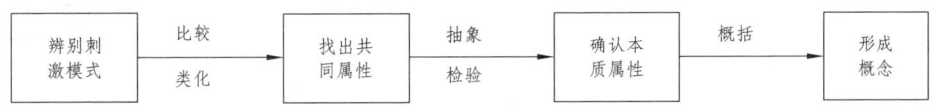

图 4.1　以概念形成的方式获得概念

以概念同化的方式获得概念的大致过程如图 4.2 所示.

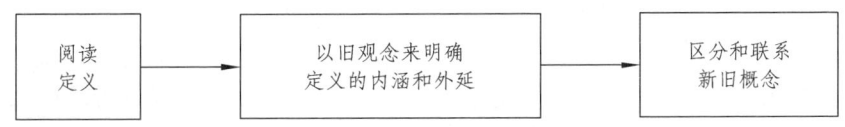

图 4.2　以概念同化的方式获得概念

（2）数学概念学习的水平.

数学概念学习可以分为了解、理解、掌握和综合运用 4 个层次：

了解：能回忆出概念的言语信息；能辨认出概念的常见例证；会举例说明概念的相关属性.

理解：能把握概念的本质属性；能与相关概念建立起联系；能区别概念的正例与反例.

掌握：在理解的基础上，能直接把概念运用于新的情境.

综合运用：能综合运用概念及相关知识解决问题.

为帮助学生透彻理解并掌握所学数学概念，教师在概念教学中要注意 5 个方面的问题：① 加强对数学概念的解剖分析，并利用好直观化的教学原则；② 要充分利用变式展开教学，突出概念的本质属性；③ 要注意相关概念的对比分析；④ 要注意构建概念的网络系统；⑤ 要注意概念产生的背景.

二、数学原理教学

（1）数学原理学习的本质.

数学原理主要包括公式、法则、规律、性质等，数学原理的学习主要就是指对公式、法则、规律、性质等的学习.

关于原理学习，有以下结论：

① 原理学习实际上是学习一些概念之间的关系.

② 原理学习不是习得描述原理的言语信息，而是习得原理的心理意义，它是一种有意义的学习.

③ 原理学习实质上是习得产生式，只要条件信息一满足，相应的行为反应就自然出现，学习者据此指导自己的行为并解决遇到的新问题.

④ 习得原理不是孤立地掌握一个原理，而是要在原理之间建立联系，形成原理网络.

（2）数学原理学习的水平.

原理学习也可以分为了解、理解、掌握和综合运用4个层次：

了解：能回忆出原理的言语信息；能辨认出原理的常见例证；会举例说明原理的相关属性.

理解：能把握原理的本质属性；能与相关原理建立起联系；能区别原理的正例与反例.

掌握：在理解的基础上，能直接把原理运用于新的情境.

综合运用：能综合运用原理及相关知识解决问题.

在上述原理学习的4个层次划分的基础上，从运用原理的角度看，我们可以相应地把数学原理学习分成以下4种水平：

① 言语连锁学习水平：处于这一水平的学生，会说、会背、会写原理的客观陈述，但不理解原理的本质. 他们尚未在心理上形成产生式，当然也不会运用原理.

② 正向产生式水平（正用水平）：处于这一水平的学生，已在心理上形成"若……，则……"这一正向产生式，能够由满足原理的条件信息推出结论，属于正向使用数学原理的水平.

③ 逆向产生式水平（逆用水平）：处于这一水平的学生，已在心理上形成"要……，就要……"这一逆向产生式，能够由结论出发，追寻结论成立的充分条件. 这一水平属于逆用数学原理的水平，是运用数学原理的较高级水平，逆向产生式的习惯性反应是逆向思维形成的基础.

④ 变形产生式水平（变形使用水平）：处于这一水平的学生，已在心理上形成变形产生式，能够由问题的部分信息检索出相关的数学原理，并根

据当前解决问题的需要对数学原理进行变形使用,从而解决问题.这一水平属于变形使用数学原理的水平,是运用数学原理的高级阶段.变形产生式的习惯性反应是创新思维形成的基础.

学习数学原理的主要目的在于掌握和应用数学原理,教学就是要促进学生不断向更高的学习水平跃进.促进原理学习最有效的办法是让学生在运用原理的过程中掌握原理,因为让学生自己运用原理是原理具体化和原理内化的过程,而这个过程对于全面、深刻地理解原理极为有利.因此,在原理的学习中,让学生进行练习是极其重要的一个环节.值得注意的是,练习不是越多越好,那种类别单一的重复练习并不有效.想要使学生掌握原理,形成产生式,就要让学生进行变式练习.

数学学习中,习得原理不仅意味着习得描述原理的言语信息,而且能根据原理对一类刺激做出相应的反应,也就是说能在特定的情境中应用原理.一旦学生掌握了数学原理,就能用大量的例证来说明原理所反映的关系,或运用原理解决特定情境下的问题.在数学课堂教学中,数学原理的学习一般有两种形式,即由例子到原理的学习和由原理到例子的学习.

由例子到原理的学习是指从若干例证中归纳出一般结论的学习,它是一种发现学习.这种学习方法简称为"例子—原理法".用"例子—原理法"教授原理时,学生的认知过程类似于概念形成的过程,都需要提供例证、辨别对象、提出假设、验证假设和进行概括.

由原理到例子的学习是指先向学生呈现要学习的原理,然后再用实例说明原理(必要时给予逻辑证明),从而使学生掌握原理的学习,这是一种接受学习,简称"原理—例子法".和"例子—原理法"相比,"原理—例子法"学习所花时间较少,但容易导致机械学习.

三、数学习题教学

(1)数学习题的类别.

关于数学习题的分类,按照不同的分类标准,可以将数学习题进行不同的分类:

① 按传统分类，分为计算题、证明题、作图题、轨迹题等.

② 按"三分法"分类，分为求解题、证明或说明题、化简变形或作图题.

③ 按综合程度分类，分为单一性问题和综合性问题.

④ 按主客观性分类，分为客观题和主观题.

⑤ 按开放性程度分类，分为标准性问题（常规问题）、开放性问题和半开放性问题.

（2）数学练习设计的原则.

① 目的性原则（每次练习要突出重点）.

② 阶梯性原则（由易到难，由浅入深）.

③ 量力性原则（考虑学生的实际认知水平、年龄特点和心理发展情况等）.

④ 典型性原则（题目要典型、要特点鲜明）.

⑤ 趣味性原则（形式多样，寓教于乐）.

⑥ 因材施教原则（题目要有弹性、开放性，要设置选做题和必做题）.

此外，在中学数学教学中，我们反对"题海战术"，这要求我们在习题的设计和使用上下功夫. 我们认为，"一题多变"是实现这一目标的重要途径之一. "一题多变"的主要方法有类比法、引申法、推广法、联想法和反思法，可以利用这些方法开展数学习题设计.

（3）数学习题教学（数学习题练习）的主要方式

① 新课之后的单项练习（巩固新知识、强化重难点）.

② 温故知新的练习（利用新旧知识的联系点、衔接处，设计练习题，引出新知）.

③ 展示思维过程的练习（教师有意识地设置问题，请学生板演，展示学生的思维过程，暴露存在的问题）.

④ 综合性、发展性练习（在巩固新知的基础上，联系以往学过的知识设计练习题，为下一步要学的知识做铺垫）.

⑤ 变式练习（利用正例突出本质属性，利用反例辨析非本质属性，提倡一题多变，培养学生思维的迁移性）.

⑥ 错题集中练习（根据不同错误类型，分析错误原因，避免同类错误. 这种方式主要用于作业批改后或试卷讲评时的集中纠错）.

第5章 数学教育简答题答题技巧

本章归纳和整理 2014—2019 年"数学学科知识与教学能力"考试真题中教育教学能力部分的简答题,对每一个问题给出答题要求或建议,以及详细解答,并在本章的末尾给出简答题的复习建议和同步练习,为考生备考提供力所能及的帮助.

一、2014(上半年·高级中学)

12. 简述《普通高中数学课程标准(实验)》中必修课程内容确定的原则和选修课程内容确定的原则.(7分)

答题要求或建议:本题要求考生熟悉高中数学课程标准中关于必修课程、选修课程设置的有关规定,答题尽可能详细,内容尽可能充实.

详细解答:

(1)普通高中数学课程标准规定必修课程内容确定的原则是,满足未来公民的基本数学需求,为学生进一步的学习提供必要的数学准备.

(2)选修课程内容确定的原则是,满足学生的兴趣和对未来发展的需要,为学生进一步学习、获得较高数学素养奠定基础.其中,系列1是为那些希望在人文、社会科学等方面发展的学生而设置的,系列2则是为那些希望在理工、经济等方面发展的学生而设置的.系列1、系列2的内容是选修系列课程中的基础性内容.系列3和系列4是为对数学有兴趣和希望进一步提高数学素养的学生而设置的,所涉及的内容包括某些重要的数学思想,有助于学生进一步打好数学基础,提高应用意识,有利于学生终身的发展,有利于扩展学生的数学视野,有利于提高学生对数学的科学价值、应用价值、文化价值的认识.

二、2014（下半年·高级中学）

12. 请列举数学课堂教学导入的两种方式，并举例说明.（7分）

答题要求或建议：这类问题，答案是开放的，考生可选择自己最熟悉的两种导入方式答题. 答题时一定要举例，并做简要说明，不能只给出导入方式.

详细解答：正所谓"教学有法，但无定法"，数学课堂教学的导入方式是多种多样的，如直接导入、复习导入、生活情境导入、知识迁移导入、知识类比导入、数学实验探究导入、故事情境导入、数学史料导入、游戏情境导入、设置悬念导入等. 下面就生活情境导入和故事情境导入举例说明.

方式一：生活情境导入. 在学习平面与平面垂直的判定定理时，可以引导学生观察旋转门的转动，然后引导学生归纳出"如果一个平面经过另外一个平面的一条垂线，则两平面互相垂直"的结论.

方式二：故事情境导入. 在学习等差数列的前 n 项和时，可以给学生讲述小高斯求"$1+2+3+\cdots+100$"的故事，引导学生理解倒序相加法.

13. 学生数学学习评价主体应该多元化，请举例四种评价主体，并简述评价主体多元化的意义.（7分）

答题要求或建议：这类问题，考生首先要理解什么是学习评价主体. 答题时要适当展开，不要过于简略.

详细解答：学生数学学习评价主体主要有教师、家长、学生（自己或同伴）、社会. 评价主体多元化的意义主要有①强调评价过程中主体间的双向选择，通过沟通和协商，能够关注评价结果的认同问题；②通过加强自评、互评，能使评价成为教师、管理者、学生、家长共同积极参与的交互活动；③增加双方的了解和理解，形成积极、友好、平等和民主的评价关系，进而使评价者在评价过程中能有效地对被评价者的发展过程进行监督和指导，帮助被评价者认同评价结果，最终促进其不断改进，获得发展.

三、2015（上半年·高级中学）

12. 举例说明运用分析法证明数学结论的思维过程和特点.（7分）

答题要求或建议：这类问题，考生首先要理解什么是分析法，什么是综合法. 答题时要适当展开, 尽可能举例说明, 不要过于简略.

详细解答: 证明中的综合法是"由因导果", 分析法是"执果索因". 分析法的思维过程是, 从问题的结论出发, 一步一步探索前一个结论成立的充分条件, 直到归结为这个问题的已知条件, 或者归结为已有的定义、公理、定理等. 分析法证明的特点是从"未知"找"需知", 逐步靠拢"已知", 每一步都是在寻找前一个结论成立的充分条件, 环环相扣, 构成问题证明的一个完整的思维线索.

举例说明: 对于任意的 $a>0, b>0$, 证明 $\dfrac{a+b}{2} \geq \sqrt{ab}$.

分析法证明:

要证 $\dfrac{a+b}{2} \geq \sqrt{ab}$,

只需证 $a+b \geq 2\sqrt{ab}$,
只需证 $a+b-2\sqrt{ab} \geq 0$,
只需证 $(\sqrt{a}-\sqrt{b})^2 \geq 0$,

而 $(\sqrt{a}-\sqrt{b})^2 \geq 0$ 恒成立, 所以 $\dfrac{a+b}{2} \geq \sqrt{ab}$ ($a>0, b>0$) 成立.

13. 简述"尺规作图"的基本要求, 并写出古希腊时期"几何作图三大问题"的具体内容. (7分)

答题要求或建议: 本题要求考生熟悉"尺规作图", 并了解古希腊尺规作图的三大不可能问题. 答题时需要对这三大问题的主要内容加以说明.

详细解答:

(1) 古希腊数学家的尺规作图, 要求直尺是没有刻度的, 可以用来画直线, 但不可以用来度量长度; 要求圆规只能用来画圆或画弧.

(2) 古希腊时期的"几何作图三大问题", 即尺规作图的三大不可能问题, 它们分别是① 倍立方问题, 即求作一个立方体, 使得它的体积等于已知立方体体积的两倍; ② 化圆为方问题, 即作一个正方形, 使它的面积等于已知圆的面积; ③ 三等分任意角问题, 即将一个给定的任意角三等分.

事实上, 这三大问题直到19世纪才被数学家们证实, 按照古希腊学者对"尺规作图"的限制, 是不可能完成的.

四、2015（下半年·高级中学）

12. 阐述确定数学课程内容的依据.（7分）

答题要求或建议：本题要求考生根据自己的理解，回答确定数学课程内容的依据，答题时要尽可能根据自己的理解适当展开，避免回答过于简略.

详细解答：从教学的角度看，确定数学课程内容需要注意数学课程标准、单元目标和具体数学知识点三者的结合.确定教学内容时，特别要注意以下三点：

一是数学知识的主要特征.一个数学知识点内容是极为庞杂的，我们应该选择该数学知识点中最本质的东西作为教学的重点.

二是学生的需要.确定知识点的教学内容也不是由教材一个要素决定的，还涉及学生认知发展阶段的问题.因此也不可能是教材有什么我们就教什么、学什么，我们只能选择与学生认知发展相一致的内容作为教学内容.

三是编者的意图.编者的意图主要是通过例题以及课后的练习题来体现的.数学例题以及课后练习题的重要性在数学课程中要远远高于其他学科，因此数学例题以及练习题是数学课程内容建设一个不可或缺的组成部分.在其他课程中，练习题最多只是课程内容的重现，作为一种教学手段，对课程本身并没有很大影响.但数学课不是这样，数学课"教什么"在相当程度上是由练习题或明或暗指示给教师的.

13. 举例说明向量内容的学习对高中生理解数学运算的作用.（7分）

答题要求或建议：本题要求考生熟悉向量的有关知识，了解向量对高中生理解数学运算的作用.答题时要能举例说明.

详细解答：平面向量是高中数学引入的一个新概念.利用平面向量的定义、性质、定理及有关公式，可以简化解题过程，便于学生的理解和掌握.

向量运算的主要作用是提高学生对数学运算的理解层次.在学习向量运算之前，学生只接触过数与数、数与式之间的运算.学习了向量以后，运算时涉及的数学元素更多、更丰富，包括实数、字母以及向量，甚至还包括图形运算（向量的几何表示）、坐标运算等.

五、2016（上半年·高级中学）

12. 《普通高中数学课程标准（实验）》描述"知识与技能"领域目标的行为动词有"了解""理解""掌握""运用"，请以"等差数列"概念为例，说明"理解"的基本含义.（7分）

答题要求或建议：这类问题，首先要解释关键词（这里是"理解"）的基本含义，然后根据题目的要求，举例说明.

详细解答：行为动词中的"理解"就是把握内在逻辑联系，对知识做出解释、扩展、提供证据、判断等. 以"等差数列的概念"为例，教学目标中要包含"理解等差数列的概念；探索并掌握等差数列的通项公式；能在具体的问题情境中，发现数列的等差关系并能用有关知识解决相应的问题；体会等差数列与一次函数的关系"，这些都属于"理解"的目标层次. 学生在学习过程中，能够把握等差数列的概念，通过内在逻辑联系以此为前提进行推导，探索并总结等差数列的通项公式，同时能够对日常所见的等差数列问题做出解释，解决相应的问题，并能够拓展到等差数列与一次函数之间的联系.

13. 以"余弦定理"教学为例，简述数学定理教学的主要环节.（7分）

答题要求或建议：这个问题要求简述数学原理教学（这里是"余弦定理"）的主要教学环节，要利用"数学原理教学"的有关知识，结合具体内容，理清教学思路，给出主要的教学环节. 答题时要注意两点：① 在学习"余弦定理"之前，学生已经学过"正弦定理"，要注意教学的类比性，以及知识之间的联系；② 如果考生对"余弦定理"的具体内容，尤其是对余弦定理的推导不熟悉的话，要尽量避免出现对定理的不准确表述和错误的推导过程.

详细解答：一般来说，数学定理教学的主要环节有创设情境，提出问题—探究定理，证明结论—深化理解，巩固练习—运用定理，解决问题. 下面以"余弦定理"教学为例详细展开这几个环节.

（1）创设情境，提出问题.

问题：如图 5.1 所示已知两个岛 A、B 与第三个岛 C 之间的距离分别为 $AC=b, BC=a$，并且已知 $\angle C$ 的大小，求 A、B 之间的距离.

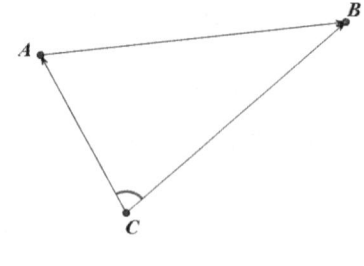

图 5.1

（2）探究定理，证明结论.

根据向量的减法法则（三角形法则），有

$$\vec{AB}=\vec{CB}+\vec{CA}$$

于是有

$$\vec{AB}^2=(\vec{CB}-\vec{CA})^2=\vec{CB}^2-2\vec{CB}\cdot\vec{CA}+\vec{CA}^2$$

所以

$$c^2=a^2+b^2-2ab\cdot\cos C$$

当 $\angle C=90°$ 时，有 $c^2=a^2+b^2$，即为勾股定理.

（3）深化理解，巩固练习.

上面我们已经得到了

$$c^2=a^2+b^2-2ab\cdot\cos C$$

同理可得

$$a^2=b^2+c^2-2bc\cdot\cos A，\quad b^2=a^2+c^2-2ac\cdot\cos B$$

师生共同总结：三角形任何一边的平方等于其他两边的平方和减去这两边与它们夹角余弦的积的二倍.

比一比，练一练：请学生完成课本上的练习题，并请学生代表上前板书.

（4）运用定理，解决问题

请学生思考余弦定理可以解决哪些类型的三角问题；并举出生活中的实际问题，请学生运用所学知识加以解决.

六、2016（下半年·高级中学）

12. 简述不等式在中学数学课程中的应用.（7分）

答题要求或建议：这类问题，重点阐述数学知识的联系（这里是指不等式与其他知识的联系），然后根据题目的要求，适当举出一两个不等式的例子，并解释其应用.

详细解答：不等式是从大量数学问题和现实问题中抽象出来的数学模型，如 $\dfrac{a+b}{2} \geq \sqrt{ab}$、$a^2+b^2 \geq 2ab$ 等是数中学最常用的不等式.

不等式在解决取值范围、函数最值问题、线性规划问题以及部分生活中的实际问题等方面有着重要的作用. 此外, 在不等式的推导过程中蕴涵着化归思想、数形结合、抽象概括、演绎推理、用分析法证明问题等数学思想方法，对这些数学思想方法的理解对数学学习起着十分重要的作用.

13. 以"二项式定理"的教学为例，阐述数学定理教学的基本环节.（7分）

答题要求或建议：前面已有关于"数学定理教学"的答题建议，并给出了数学定理教学的一般环节. 对于这一道题, 考生答题时要注意: 对于"二项式定理"教学，可以采用不完全归纳法，归纳出二项式定理的一般形式；同时考生可以介绍"贾宪三角"，借助数学史知识帮助学生理解"二项式定理"的结论.

详细解答：

（1）创设情境，提出问题.

初中时，我们已经学习过 $(a+b)^2 = a^2+2ab+b^2$，请同学们利用多项式的乘法，完成下面的问题：

$(a+b)^3 = $ _____， $(a+b)^4 = $ _____.

然后请同学们思考：$(a+b)^n = $ _____.

（2）探究定理，理解结论.

这里我们先给出 $(a+b)^n$ 展开的结论：

$$(a+b)^n = C_n^0 a^n + C_n^1 a^{n-1}b + C_n^2 a^{n-2}b^2 + \cdots + C_n^k a^{n-k}b^k + \cdots + C_n^n b^n$$

这个结论是怎么来的呢？

解释如下：我们知道 $(a+b)^n$ 就是 n 个 $a+b$ 相乘，每个 $a+b$ 在相乘时，有两种选择，要么选 a 要么选 b。由分步计数的原理可知，$(a+b)^n$ 的展开式应该有 2^n（包括同类项），其中每一项中都只含有 a 和 b，且每一项的指数和都是 n，即形如 $a^{n-k}b^k$（$k=0,1,2,\cdots,n$），对于每一项 $a^{n-k}b^k$，它是由 k 个 $a+b$ 中选了 b，其余 $n-k$ 个 $a+b$ 中选了 a 得到的，因此每个 $a^{n-k}b^k$ 出现的次数相当于从 n 个 $a+b$ 取出 k 个 b 的组合数 C_n^k（也可以说是取出 $n-k$ 个 a，因为 $C_n^k = C_n^{n-k}$），合并同类项就得到展开式

$$(a+b)^n = C_n^0 a^n + C_n^1 a^{n-1} b + C_n^2 a^{n-2} b^2 + \cdots + C_n^k a^{n-k} b^k + \cdots + C_n^n b^n$$

（3）深化理解，巩固练习。

① 这里首先要给学生解释清楚几个概念：二项式展开式的某一项（第 $k+1$ 项 $C_n^k a^{n-k} b^k$）、某一项的二项式系数（C_n^k）、某一项的系数。

② 为帮助学生理解，教师可以给出贾宪三角（见图5.2），并适当介绍中国古代数学家贾宪和杨辉的事迹。

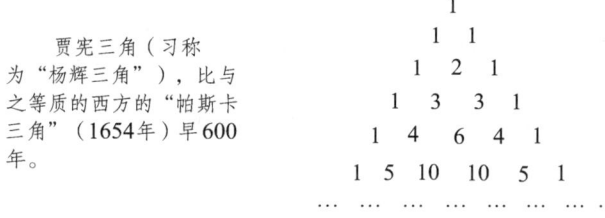

贾宪三角（习称为"杨辉三角"），比与之等质的西方的"帕斯卡三角"（1654年）早600年。

图 5.2　贾宪三角

③ 进一步理解：

对公式 $(a+b)^n = C_n^0 a^n + C_n^1 a^{n-1} b + C_n^2 a^{n-2} b^2 + \cdots + C_n^k a^{n-k} b^k + \cdots + C_n^n b^n$，令 $a=b=1$，易得：$C_n^0 + C_n^1 + C_n^2 + \cdots + C_n^k + \cdots + C_n^n = 2^n$，即 $(a+b)^n$ 展开式的二项式系数之和等于 2^n；令 $a=1$，$b=-1$，易知 $(a+b)^n$ 展开式中的奇数项的二项式系数之和等于偶数项的二项式系数之和。

④ 比一比，练一练：请学生完成课本上的练习题，并请学生代表上前板书。

（4）运用定理，解决问题

熟悉二项式定理的使用，并提出问题，请学生运用所学知识加以解决。

七、2017(上半年·高级中学)

12.《普通高中数学课程标准(实验)》用行为动词"了解""理解""掌握""应用"等描述知识与技能目标,请解释"了解函数奇偶性"的具体含义.(7分)

答题要求或建议:这类问题,考生首先要解释关键词(这里是"了解")的基本含义,然后根据题目的要求,举例说明、适当扩展.

详细解答:行为动词"了解"是:从具体实例中知道或举例说明对象的有关特征;根据对象的特征,从具体情境中辨认或举例说明对象."了解函数奇偶性"是:学生能够知道函数奇偶性的定义,奇函数定义域关于原点对称,函数图像关于原点对称,对定义域内的任一 x 满足 $f(-x)=-f(x)$;偶函数定义域关于原点对称,函数图像关于 y 轴对称,对定义域内的任一 x 满足 $f(-x)=f(x)$.学生能够通过解析式或图像判断函数的奇偶性,判断哪些函数是奇函数,哪些函数是偶函数,以及非奇非偶函数,并能举出一些函数奇偶性的例子.

13.书面测验是考查学生课程目标达成状况的重要方式,以"数列"一章为例,说明设计数学书面测验试卷应关注的主要问题.(7分)

答题要求或建议:这类问题,首先要读懂题目的意思,弄清关键词(这里是"设计数学书面测验试卷")的基本含义,然后根据题目的要求答题——这里要求考生熟悉"数列"这一章的主要知识点并说明设计数学测试卷应关注的主要问题,有一定的难度.答题时要有理有据,应多举例子、避免空洞.

详细解答:

(1)书面测验是检测学生数学学习的重要手段之一,这对于评价学生的基础知识和基本技能的掌握情况,了解学生对教学内容的重难点的理解情况是很有必要的.学生在学习"数列"这一章时,应该掌握数列、等差数列、等比数列、等差中项、等比中项等基本概念,掌握等差数列通项公式、等差数列前 n 项和公式、等比数列通项公式、等比数列前 n 项和公式及推导方法.因此,在设计本章的书面测验试卷时,需要涵盖这些知识点,达到全面性要求,以便整体了解学生对本章知识的掌握程度.

（2）在设计试题时，应该关注并且体现学生在数感、运算能力、推理能力以及应用意识和创新意识等方面的考查．测试中应该包含数列通项公式的应用——包括求和公式的应用、等差等比中项的求值等基本问题，还应考查学生对倒序相加法、错位相减法等数学方法的掌握情况．

（3）要根据评价的要求合理的设计试题的题型，应包括选择题、填空题、计算题、证明题等基本题型，有效地发挥各种题型的检测功能．同时，可设置找数字规律、运算规律等探索性问题，还可以联系生活实际将数列问题融入日常生活中设置实践性问题．

（4）在书面测验中，积极探索可以考查学生学习过程的试题，了解学生的学习过程．试题的设计要控制难度，同时也要有区分度以照顾不同层次的学生，了解全体学生对本章知识的掌握程度，以便指导今后的教学工作，测试学习结果的同时更要测验学生的学习过程．

八、2017（下半年·高级中学）

12. 给出"平行四边形"和"实数"的定义，并说明它们的定义方式．（7分）

答题要求或建议：这类问题，要搞清楚命题者的出题动机．这里是要考查两种不同的定义方式——内涵定义（属种定义）和外延定义．答题时要对所给概念准确的下定义（尽可能用书本上的定义），并分析每个概念属于哪一种定义方式．

详细解答：

（1）平行四边形的定义——两组对边分别平行的四边形叫作平行四边形（这是书上的定义，当然也可以用等价定义，如一组对边平行且相等的四边形叫作平行四边形）．它的定义方式为内涵定义中的属概念加种差定义法，其中四边形是平行四边形的属概念，种差是"两组对边分别平行"．

（2）实数的定义——有理数和无理数统称为实数．它的定义方式是外延定义法，也就是揭示实数这个概念包含了哪些东西．

13. 简述向量的数量积运算与实数的乘法运算的区别．（7分）

答题要求或建议：这类问题，首先要解释问题中的知识点，再将向量的数量积运算和实数的乘法运算及其运算律进行简要说明,最后通过对比给出二者的区别.

详细解答:向量$\vec{\alpha}$和向量$\vec{\beta}$的数量积为$\vec{\alpha}\cdot\vec{\beta}=|\vec{\alpha}||\vec{\beta}|\cos\langle\vec{\alpha},\vec{\beta}\rangle$,向量的数量积运算与实数乘法运算最明显的区别是向量的数量积运算不仅涉及向量的大小(模),还涉及向量的方向.

向量的数量积运算与实数乘法运算虽然在运算过程中均满足交换律、分配律,且运算结果均为实数,但实数的乘法运算满足消去律,而向量的数量积不满足消去律.此外,在实数乘法运算中,若$a\neq 0$且$ab=0$,则$b=0$.但在向量数量积运算中,若$\vec{\alpha}\neq\vec{0}$且$\vec{\alpha}\cdot\vec{\beta}=0$,则有$\vec{\beta}=\vec{0}$或$\vec{\alpha}\perp\vec{\beta}$.

九、2018(上半年·高级中学)

12. 简述确定中学数学教学方法的依据.(7分)

答题要求或建议:本题要求考生熟悉中学数学教学方法的确定(选择)依据.

详细解答:教学方法是为了完成教学任务,达到教学目标,所采取的教与学的方式和手段,它包括教师教的方法和学生学的方法,是教师引导学生掌握知识技能,获得身心发展的方法.选择中学数学教学方法的依据有① 符合教学规律和教学原则;② 符合教学目标和任务;③ 符合教学内容的特点;④ 符合学生的发展水平;⑤ 符合教师的特长;⑥ 符合教学的经验性.另外,选择教学方法还应考虑:① 教学内容及相应的教学目标;② 各种不同层次的学生;③ 各种教学方法的特点等.

13. 简述对《普通高中数学课程标准(实验)》中探索并掌握两点间的距离公式这一目标的理解.(7分)

答题要求或建议:本题要求考生熟悉"两点间的距离公式"这一教学内容,并理解这一节课的教学目标.

详细解答:"两点间的距离公式"的内容是设平面直角坐标系内的两点$A(x_1,y_1)$、$B(x_2,y_2)$,则$|AB|=\sqrt{(x_2-x_1)^2+(y_2-y_1)^2}$.在教学中,"探索并掌握

两点间的距离公式"主要涉及两个方面,一个是建立直角坐标系中两点间的距离公式,另一个是用坐标法证明简单的平面几何问题.事实上,利用勾股定理,两点间的距离公式不难得到.在教学过程中,可以提出问题以后让学生先思考,帮助学生构造直角三角形,并引导学生利用勾股定理推导"两点间距离公式".而"用坐标法证明简单的平面几何问题",则是对"两点间距离公式"的直接运用,是对新知识的巩固和练习.

十、2018(下半年·高级中学)

12. 简述日常数学教学中对学生进行学习评价的目的.(7分)

答题要求或建议:本题要求考生熟悉数学教学中对学生进行学习评价的目的.

详细解答:数学教学中对学生进行学习评价的主要目的是全面了解学生的数学学习过程,激励学生的学习和改进教师的教学,主要表现为学习评价的导向、监督、反馈、调控和甄别功能.按照课程标准的要求,数学教学中对学生数学学习的评价既要关注学生学习的结果,更要关注他们学习的过程;要关注学生学习的水平,更要关注他们在数学活动中所表现出来的情感与态度,帮助学生认识自我,建立信心.

13. 给出基本不等式 $\sqrt{ab} \leqslant \dfrac{a+b}{2}$ (a、$b \geqslant 0$)的一种几何解释,并说明几何解释对学生数学学习的作用.(7分)

答题要求或建议:本题要求考生熟悉基本不等式 $\sqrt{ab} \leqslant \dfrac{a+b}{2}$ (a、$b \geqslant 0$)的几何解释,并简述数形结合的意义和作用.考生答题时要绘出必要的几何图形,并给出相应的阐述.

详细解答:基本不等式 $\sqrt{ab} \leqslant \dfrac{a+b}{2}$ (a、$b \geqslant 0$)的几何解释如图5.3所示 AB 是圆的直径,点 C 是 AB 上一点,$AC = a, BC = b$. 过点 C 作垂直于 AB 的弦 DE,连接 AD、BD.

证明:$\triangle ACD \sim \triangle BCD$,因而 $CD = \sqrt{ab}$,由于 CD 小于或等于圆的半径,所以有 $\sqrt{ab} \leqslant \dfrac{a+b}{2}$,当且仅当点 C 与圆心重合,即 $a = b$ 时等号成立.其中,

$\sqrt{ab}$ 称为几何平均数，$\dfrac{a+b}{2}$ 称为算术平均数.

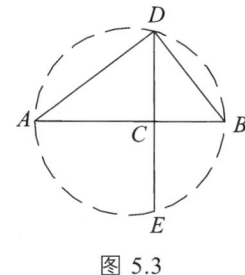

图 5.3

几何解释的作用：一方面，利用几何直观，有利于学生借助已有的平面几何知识，更好地理解基本不等式 $\sqrt{ab} \leqslant \dfrac{a+b}{2}$ (a、$b \geqslant 0$) 的意义，以及等号成立的条件；另一方面，也让学生领略到数与形的巧妙结合，进一步理解数形结合思想的重要性.

十一、2019（上半年·高级中学）

12. 高中数学课程是培养公民素质的基础性课程，简述"基础性"的含义，并举例说明.（7分）

答题要求或建议：本题要求考生理解高中数学课程的"基础性"．考生要注意的是，尽管高中阶段已不属于义务教育，但仍是基础教育的一部分，答题的时候不要走偏，同时考生要适当结合自己的理解解释高中数学课程的"基础性"的含义.

详细解答：高中数学课程是培养公民素质的基础性课程，这里的基础性有两层含义：第一是在义务教育阶段之后，为满足需求，给学生提供更高水平的数学基础；第二是为学生进一步学习提供必要的数学准备，主要体现在必修与选修课程的安排上，必修课程是为了满足所有学生的共同数学需求，选修课程是为了满足学生的不同数学需求，它仍然是学生发展所需要的基础性数学课程.

13. 评价学生的数学学习应该采用多样化的方式，请举例四种不同类型的评价方式.（7分）

答题要求或建议：本题要求考生熟悉数学学习评价的方式，并适当举例说明．

详细解答：教学是一种多边活动，教与学的关系问题是教学过程中的本质问题．教学是教师的教和学生的学的统一，这种统一的实质是交往与互动，因此在教学过程中要采取多样化的评价方式，从不同角度评价学生的数学学习．主要的数学学习评价方式如下：

（1）课堂问答式评价．这主要表现为在课堂上，教师与学生之间的问答互动，以及时了解学生的学习情况、找出问题，达到对教学活动的及时反馈和调控．

（2）书面评语式评价．这主要表现为教师对学生的作业、试卷或其他数学活动做出的书面性评价，这不仅仅只是给个分数或等级，而是用评语帮助学生认识学习中的问题，并鼓励或督促学生加强学习．

（3）学生自我评价或互评．这主要是指学习者自我反思或同伴互相评价，以找出学习中的差距，明确下一步努力的方向，这对学生形成终身学习的能力十分重要．

（4）成长档案袋评价．这主要是指教师长期收集学生在学习成长过程中的各种信息，建立跟踪资料，以了解学生的成长经历，有效地帮助他们反思自己的学习过程，确立今后的学习目标和方向．

十二、简答题复习建议与同步练习

（一）复习建议

（1）熟悉课程标准的有关内容．

（2）熟悉初（高）中数学教材主要内容．

（3）熟悉数学教育基本理论，特别是有关数学教学目标、原则、模式、方法以及数学教学评价等有关知识．

（4）多做真题及模拟题，多背诵主要知识点，学会勾画答题要点，学会把厚书读薄．

（5）要坚持学习，多看书，多积累，多思考．

（二）同步练习

（1）普通高级中学数学课程标准（2017版）中关于高中数学课程的基本理念有哪些？（详见第3章）.

（2）数学学科核心素养主要包括哪些？（详见第3章）

（3）请举例说明弗赖登塔尔"数学化"的含义.（详见第3章，请举实例说明）

（4）请举例说明如何丰富学生的基本数学活动经验.（详见第3章，请举实例说明）

（5）请以某个具体知识点（如函数的单调性）为例设计该部分知识教学的三维目标.（详见第四章，注意结合具体内容具体分析）

（6）请举例说明数学教学中的直观性原则.（注意结合具体内容作答）

（7）请举例说明数学教学的探究式教学模式的主要操作步骤.（详见第4章，请举实例说明）

（8）请简要回答数学教学中问题的种类有哪些.（详见第4章）

（9）请举例说明数学概念学习中概念形成与概念同化的区别.（详见第4章，请举实例说明）

（10）请简要回答如何在数学练习设计中体现因材施教原则？（详见第4章，请举实例说明）

（11）请结合实例简述如何在教学中关注数学的文化价值，促进学生形成正确的数学观.

（12）如何理解"改善教与学的方式，使学生主动地学习"这句话？

（13）简述"好"的数学问题的基本特点.

（14）中学数学常用的数学思想方法有哪些？

（15）简述当前中学数学教学评价的基本理念.

（16）简述哥尼斯堡七桥问题以及欧拉给出的解决方案.

（17）简述第一次数学危机.

（18）简述归纳推理与类比推理的思维过程，以及二者的区别与联系.

 # 第 6 章　数学教育论述题答题技巧

本章归纳和整理 2014—2019 年"数学学科知识与教学能力"考试真题中教育教学能力部分的论述题,对每一个问题给出答题要求或建议,以及详细解答,并在本章的末尾给出论述题的复习建议和同步练习,为考生备考提供力所能及的帮助.

一、2014(上半年·高级中学)

15. 如何认识数学的抽象性?在数学教学中如何处理抽象与具体之间的关系,请结合实例谈谈你的看法.(15 分)

答题要求或建议:本题要求考生理解数学的抽象性,并举例说明.论述题的答案要尽可能详细,内容尽可能充实.

详细解答:

(1)抽象是在思维中抽取事物的本质属性,舍弃其非本质属性的过程.抽象是在对事物的属性做分析、综合、比较、概括的基础上进行的,它是认识事物本质、掌握事物内在规律的思维方法.抽象性是数学的基本特点之一,数学的抽象性体现在它所研究的对象是完全舍弃具体事物的一切具体内容而只考虑其量的关系与空间形式(或由公理体系所决定的结构).事实上,数学从其起源开始就是抽象的,如数字"1",生活中只能举出一个一个具体的东西,拿不出数学上的"1"来;类似的"点""直线""平面"这些概念也是抽象的.

(2)数学的抽象性可以归纳为以下几类:① 不仅数学概念是抽象的,而且数学方法也是抽象的,并且大量使用抽象的符号;② 数学的抽象是逐级抽象的,下一次的抽象是以前一次的抽象材料为具体背景;③ 高度的抽象必然有高度的概括.

（3）在数学教学中，首先要着重培养学生的抽象思维能力．所谓抽象思维能力，是指脱离具体形象、运用概念、判断、推理等进行思维的能力．按抽象思维的程度，可分为经验型抽象思维和理论型抽象思维．在教学中，我们应着重发展理论型抽象思维，因为只有理论型抽象思维得到充分发展的人，才能很好地分析和综合各种事物，才有能力去解决问题．其次要培养学生观察能力，在教学中可通过实物教具，利用数形结合、以形代数等手段来提高学生的抽象、概括能力．例如，讲对数函数有关性质时，可先画出图像，让学生观察图像，然后抽象出有关性质．

二、2014（下半年·高级中学）

15. 数学教育家弗赖登塔尔（Hans. Freudental）认为，人们在观察认识和改造客观世界的过程中，运用数学的思想和方法来分析和研究客观世界的种种现象，从客观世界的对象及其关系中抽象并形成数学概念、法则和定理，以及为解决实际问题而构造的数学模型等，就是一种数学化的过程．

（1）请举出一个实例，并简述其"数学化"的过程．（6分）

（2）分析经历上述"数学化"过程对培养学生"发现问题，提出问题"以及"抽象概括"能力的作用．（9分）

答题要求或建议：本题要求考生理解弗赖登塔尔的"数学化"．答第（1）问时要求考生简单解释一下"数学化"，然后举出蕴含数学问题（最好是蕴含初中数学或高中数学的某个数学概念或知识点）的实际生活或其他学科的情境，并从中抽象出数学问题；答第（2）问时，要结合第（1）问来分析．

详细解答：

（1）所谓"数学化"，即是从现实问题中抽象出数学问题，并进一步做数学处理．这主要包括两个方面：一是实际问题转化为数学问题的数学化，即发现实际问题中的数学成分，并对这些成分作符号化处理；二是从符号到概念的数学化，即在数学范畴之内对已经符号化了的问题做进一步抽象化处理．下面举一个引出"等比数列前 n 项和"的例子．

印度国王要重赏国际象棋的发明人——西撒,西撒指着国际象棋的棋盘说:"陛下,请你赏给我些麦子吧!请在棋盘上放麦子,第一格放一粒麦子,以后每一小格内的麦粒都比前一格增加一倍,放满这 64 个格子,然后都把它赏给你的仆人."……

教师引导学生提出下列问题,实现"数学化"的过程:

① 每一格放的麦粒数是多少?构成一个什么数列?

② 这里总共有多少麦粒呢?国王能否实现他的奖赏呢?

③ 对于一般的等比数列,如何求前 n 项和呢?

(2)上述情境的"数学化"过程,主要包含了从现实问题到数学问题、从具体到抽象、从特殊到一般的过程. 这样的"数学化"过程,对于培养学生"发现问题,提出问题"以及"抽象概括"能力的作用主要有以下几个方面:

① 故事激趣,充分考虑学生的认知规律. 这里从学生喜闻乐见的数学故事出发,通过让学生从故事中抽取数学问题,激发学生的数学学习兴趣.

② 让学生经历从实际问题到数学问题的过程,培养学生"发现问题,提出问题"的能力. 这里要求学生和老师一起,从故事中提出"每一格放的麦粒数是多少?构成一个什么数列?这里总共有多少麦粒呢?国王能否实现他的奖赏呢?"等问题,最终引出"对于一般的等比数列,如何求前 n 项和呢?"的教学重点,经历从具体情境走向数学问题的"数学化"过程.

③ 让学生经历从具体到抽象、从特殊到一般的探究过程,感悟数学研究和科学研究的一般方法,提高学生的"抽象概括"能力. 这里即是要让学生经历从故事情境到数学问题,从特殊等比数列的"前 64 项和"到一般等比数列"前 n 项和"的过程.

三、2015(上半年·高级中学)

15. 以高中阶段的函数概念为例,阐述数学课程内容的呈现如何体现螺旋上升的原则?

答题要求或建议:本题要求考生理解数学课程内容设置的"螺旋上升"原则,并结合函数概念的教学展开论述. 答题时一方面要注意联系初中学生已经学习过的函数的知识,一方面要注意分析高中函数教学的阶段性.

详细解答：数学中有一些重要内容、方法、思想是需要学生经历较长的认识过程，逐步理解和掌握的，如方程、函数、概率、数形结合、模型思想以及逻辑推理等。教材在呈现相应的数学内容和方法时，应根据学生的年龄特征与知识积累情况，在遵循科学性的前提下，注重逐级递进、螺旋上升的原则。螺旋上升是指在深度、广度等方面都要有实质性的变化，即体现明显的阶段性要求。

例如，函数是描述客观世界变化规律的重要数学模型，学生从初中阶段就开始接触函数的有关概念，到了高中阶段，不仅把函数看成变量之间的关系，同时还用集合与对应的语言刻画函数，函数的思想方法贯穿整个高中数学。因此，教材对函数内容的编排也体现出螺旋上升的原则，分阶段逐渐深化。依据数学课程标准的要求，高中教材将函数内容分为三个阶段：

第一阶段，通过一些具体实例，体会数集之间的一种特殊的对应关系。从学生在初中阶段已经学习和掌握的具体函数和函数的描述性定义入手，引导学生联系自己的生活经历和实际问题，尝试列举各种各样的函数，构建函数的一般概念。

第二阶段，进一步通过对指数函数、对数函数等具体函数的研究，加深学生对函数概念的理解，引导学生不断体验函数是描述客观世界变化规律的基本数学模型，体验指数函数、对数函数等函数与现实世界的密切联系及其在刻画现实问题中的作用。

第三阶段，鼓励学生运用计算器、计算机画出指数函数、对数函数等的图形，探索、比较它们的变化规律，研究函数的性质，学习求方程的近似解，在这个过程中反复体会函数的概念，最终达到深刻理解、真正掌握、灵活运用。

四、2015（下半年·高级中学）

15. 叙述"严谨性与量力性相结合"数学教学原则的内涵，并以"$\sqrt{2}$是无理数"的教学过程为例说明在教学中如何体现该教学原则。

答题要求或建议：本题要求考生理解数学教学中"严谨性与量力性相结合"的教学原则。答题时首先要简述该原则，然后结合"$\sqrt{2}$是无理数"

的教学过程，详细说明如何在教学中体现该原则．建议答题时要对"$\sqrt{2}$是无理数"这个结论给出简要证明．

详细解答：

（1）数学的严谨性，是指数学具有很强的逻辑性和较高的精确性，即逻辑的严密性和结论的确定性．量力性，这里指的是要考虑学生的可接受性，适可而止、量力而行．"严谨性与量力性相结合"的原则，说明教学中强调数学知识的逻辑严谨性与考虑学生的可接受性之间相适应、相协调的关系．教学中，理论知识的严谨程度要适合学生的一般知识结构与智力发展水平．随着学生知识结构的不断完善，心理发展水平的不断提高，可以逐渐增强理论知识的严谨程度；反过来，也需要通过恰当的理论严谨性促进学生接受能力的提高．

显然，这一原则是根据数学本身的特点及学生心理发展的特点提出的．但是，在学习过程中，学生的心理发展是逐步形成的，不同的年龄阶段，其感知、记忆、想象、思维、能力等心理因素都有不同的发展水平．这种心理发展的渐变性决定了教学中不可能对数学理论的研究达到完全严密的程度，而应在不同的教学阶段，依据不同的教学目的和内容，提出不同的严谨性要求，也就是说，数学教学的严谨性要求是相对的．

（2）在证明"$\sqrt{2}$是无理数"的教学过程中，应设法使学生逐步适应，逐步提高对其严谨性的要求，做到推理过程中步步有根据、处处合逻辑．同时，在有理有据的同时，并不排斥直观和猜想，强调思维的严谨性，同时允许大胆猜想，辩证处理好演绎推理和合情推理的关系．

由于正面证明"$\sqrt{2}$是无理数"不容易，在实际教学过程中我们采用反证法，先假设$\sqrt{2}$是有理数，逐步导出矛盾．其证明过程如下：

证明：采用反证法，假设$\sqrt{2}$是有理数，即存在p、$q \in \mathbf{Z}$，使得$\sqrt{2} = \dfrac{p}{q}$（p与q互质）．

于是有

$2 = \dfrac{p^2}{q^2}$，也就是$p^2 = 2q^2$．

由于 $2q^2$ 是偶数,所以 p^2 是偶数,所以 p 也是偶数.

令 $p=2k$（$k\in \mathbf{Z}$）,代入 $p^2=2q^2$ 有

$q^2=2k^2$,同理推得 q 也是偶数.

这与 p,q 互质相矛盾. 故假设错误,所以 $\sqrt{2}$ 是无理数.

实际教学中,教师可以先给出证明步骤,让学生给出每一步证明的理由,鼓励学生发扬"跳一跳摘苹果"的精神,训练学生的数学思维,逐步使学生能够自己给出严格的证明,以此体现"严谨性与量力性相结合"的教学原则.

五、2016（上半年·高级中学）

15. "严谨性与量力性相结合"是数学教学的基本原则.

（1）简述"严谨性与量力性相结合"教学原则的内涵.（3分）

（2）实数指数幂在数学上如何引入的？（6分）

（3）在高中"实数指数幂"概念的教学中,如何体现"严谨性与量力性相结合"的教学原则.（6分）

答题要求或建议：同"四、2015（下半年·高级中学）".

详细解答：

（1）同"四、2015（下半年·高级中学）".

（2）对于实数指数幂的教学,首先可以从初中学习的整数指数幂的概念和运算性质出发,比如在回顾平方根和立方根的基础上,类比出 n 次方根的定义,从而把指数推广到分数指数,进而推广到有理数指数,再推广到实数指数,并将幂的运算性质由整数指数幂推广到实数指数幂.

（3）在高中"实数指数幂"的概念教学中,设法使学生逐步适应,逐步提高其严谨程度,做到有理有据. 比如,学生初学分数指数幂很不适应,教师可以引导学生研究已学过的整数指数幂的概念属性,理解分数指数幂的概念,进而学习指数幂的性质,并学习分数指数幂和根式之间的互化,渗透"转化"的数学思想,最后掌握知识点之间的密切联系,使概念的产生有理有据.

六、2016（下半年·高级中学）

15. 函数单调性是刻画函数变化规律的重要概念，也是函数的一个重要性质.

（1）请叙述函数严格单调递增的定义，并结合函数单调性的定义，说明中学数学课程中函数单调性与哪些内容有关（至少列举两项内容）.（7分）

（2）请列举至少两种研究函数单调性的方法，并分别简要说明其特点.（8分）

答题要求或建议：本题要求考生熟悉函数单调性的定义及有关知识，了解中学数学课程中哪些内容与"函数单调性"有关，并掌握研究函数单调性的方法（主要有定义法和导数法）.建议答题时要准确叙述"函数单调性的定义"，并对有关内容举例说明.

详细解答：

（1）设函数 $f(x)$ 的定义域为 I，如果对于定义域 I 内某个区间 D 上的任意两个自变量的值 x_1、x_2，当 $x_1 < x_2$ 时，都有 $f(x_1) < f(x_2)$，则称函数 $f(x)$ 为区间 D 上的严格单调递增函数. 函数单调性的概念是研究函数单调性的依据，在研究函数的值域、最大值、最小值等性质中有着重要的应用，在解不等式、证明不等式、研究数列的性质以及求方程的近似解等方面也有着重要的应用，同时为学生将来研究指数函数、对数函数、三角函数等的性质打下基础. 由此可见，函数单调性概念的学习非常重要.

（2）研究函数单调性的方法主要有定义法和导数法：

① 定义法：对于定义域 I 内某个区间 D 上的任意两个自变量的值 x_1、x_2，当 $x_1 < x_2$ 时，都有 $f(x_1) < f(x_2)$（或 $f(x_1) > f(x_2)$），则称函数 $f(x)$ 为区间 D 上的严格单调递增（递减）函数. 在研究函数的单调性时，定义法是最为直接的方法，这种方法紧扣定义、思路清晰. 定义法判断函数单调性，主要可以采用作差法或作商法比较 $f(x_1)$ 和 $f(x_2)$ 的大小. 但是，对于一些不太好比较 $f(x_1)$ 和 $f(x_2)$ 大小的函数，这种方法会比较麻烦.

② 导数法. 这种方法一般先确定函数的定义域，然后求出函数 $f(x)$ 的导函数 $f'(x)$，若在某个区间上 $f'(x) \geqslant 0$，则函数 $f(x)$ 在这个区间上是单调增函数，反之为单调减函数. 导数法适用于函数在其定义域内可导且能判断

导函数的符号(正、负)的情形.导数法提供了一种研究函数单调性的新思想,针对定义法难以解决的题型,用导数法解题可能会比较简单.

七、2017(上半年·高级中学)

15. 推理一般包括合情推理与演绎推理.

(1)请分别阐述合情推理与演绎推理的含义.(6分)

(2)举例说明合情推理与演绎推理在解决数学问题中的作用(6分),并阐述二者间的关系.(3分)

答题要求或建议:本题要求考生熟悉合情推理、演绎推理的含义,以及它们的区别与联系,同时能举例说明二者在解决数学问题中的作用.答题时要求能简述二者的实质和关系,并能举出实际例子.

详细解答:

(1)合情推理,又称为似真推理,是根据已有的事实和结论推测出某些结果的推理过程,其推理的结论未必是正确的.合情推理主要包括归纳推理(从特殊到一般的思维形式)和类比推理(从特殊到特殊的思维形式).演绎推理又称论证推理,是根据已有的事实和正确的结论(包括定义、公理、定理等),按照严格的逻辑法则得到新结论的推理过程,其推理结论是正确的.它是思维进程中从一般到特殊的推理,以三段论为主要推理形式.

(2)在解决问题的过程中,合情推理有助于猜测和发现结论,或发现解决问题的思路,有利于创新意识的培养.例如,在研究四面体的有关性质时,我们自然地联想到三角形的有关性质,如平面上三条直线可以围成一个三角形,空间四个平面可以围成一个四面体(三棱锥).三角形与四面体是两个类似的几何图形,它们之间可以类比.因此,我们从三角形已有性质出发,可以推测四面体是否也有类似的性质——三角形有3个顶点,四面体有4个顶点;三角形有3条边,四面体有4个面;三角形有3个角,四面体有6个二面角;任何1个三角形都有一个内切圆,任何1个四面体是否也必有1个内切球(与四面体四个面相切的球);任何1个三角形总有一个外接圆,任何1个四面体是否必有1个外接球(即过4个顶点的球).

演绎推理是数学中的严格证明工具,在解决数学问题中起着重要的作用. 由两个前提推出一个结论的推理模式叫作三段论,演绎推理以三段论为主要推理形式. 只要前提是真实的,推理形式是正确的,那么结论也必定是正确的. 例如,① 如果两个角是对顶角,那么这两个角相等(这是大前提),现在如果已知 $\angle A$、$\angle B$ 是对顶角,那么必然有 $\angle A = \angle B$;② 三角形三内角和是 $180°$(这是大前提),现在如果已知 $\angle A$、$\angle B$、$\angle C$ 是 $\triangle ABC$ 的三个内角,那么就有 $\angle A + \angle B + \angle C = 180°$.

合情推理从推理形式上看,是从特殊到一般或从特殊到特殊的思维形式;而演绎推理是从一般到特殊的推理. 从推理所得的结论来看,合情推理的结论不一定正确,有待进一步证明;演绎推理在条件和推理形式都正确的情况下,得到的结论一定是正确的. 就数学而言,演绎推理是证明数学结论、建立数学体系的重要思维过程,但数学结论的发现、证明思路的探索,主要靠合情推理. 因此,合情推理与演绎推理在数学活动中是相辅相成的.

八、2017(下半年·高级中学)

15. 数学的产生与发展过程蕴含着丰富的数学文化.

(1)以"导数及其应用"教学为例,说明在数学教学中如何渗透数学文化.(6分)

(2)阐述数学文化对学生数学学习的作用.(9分)

答题要求或建议:本题要求考生熟悉"数学文化"的有关知识和理念,了解"导数及其应用"所蕴含的数学文化知识,了解数学文化对学生数学学习的作用.

详细解答:

(1)数学文化包含数学的思想、精神、方法、观点、语言,以及它们的形成和发展. 此外,还包含数学家、数学史、数学美、数学教育等知识,以及数学发展中的人文成分、数学与社会的联系、数学与各种文化的关系,等等.

在"导数及其应用"的教学中,可以从以下几个方面渗透数学文化知识:

① 数学史、数学文化知识的渗透.

学生在高中学习的数学导数知识,不同于在小学就有接触的方程等知识,导数是一个全新的概念.因此,学生对于导数的历史比较感兴趣,教师可以利用这一点,对学生进行数学史、数学文化知识的渗透,引导学生了解导数的由来、发展和在实际生活及工作中的作用.这样可以激发学生的学习兴趣,调动学生的学习积极性,避免让学生觉得导数的学习是枯燥乏味的.

② 数学思想方法的渗透.

a. 极限思想. 导数及其应用这部分知识主要从函数的连续性、导数的概念、导数的计算等方面渗透极限思想.

b. 数形结合思想. 数形结合在导数及其应用部分的主要表现是对函数图像的分析与求解. 函数是导数的主要研究对象之一,研究函数的性质经常用到数形结合思想. 在导数及其应用的教学中应加强数形结合思想的渗透.

③ 数学思维方式的渗透.

在"导数的概念"部分,主要的数学思维方式有观察法和归纳法;在"导数的应用"部分,主要培养学生的观察能力. 人教版教材通过对三个不同维度的观察,使得学生思考导数的概念、导数的计算、导数的应用之间的关系.

(2) 数学文化对学生数学学习的作用主要表现在以下几个方面.

① 有利于激发学生的学习兴趣.

数学文化给学生带来数学命题、数学公式、数学问题以外的数学故事、数学历史、数学思想、数学方法、数学精神、数学在社会生活和工作中的作用和价值等,这可以帮助学生重新认识数学,理解数学的科学价值、应用价值和文化价值,激发学生的学习兴趣. 例如,我们可以利用小高斯的故事,激发学生学习"等差数列前 n 项和"的知识.

② 有利于培养学生的创新意识和探索精神.

新一轮教学改革的理念中,强调培养学生的创新意识和探索精神. 在数学教学中渗透数学的历史、数学的故事、数学家的奇闻轶事以及数学的思想、数学的方法、数学的精神和数学的思维方式方法等数学文化知识,有利于培养学生的创新意识和探索精神.

③ 有利于发展学生的数学应用意识.

数学文化的意义不仅仅关于数学知识本身,更在于展现数学的应用价值. 数学源于生活,其理论的核心部分都是在人类社会的生产生活实践中发展起来的. 因此,在数学教学中应当有意识地结合学生已有的数学知识,加强数学与实际生活的联系,将数学知识生活化,让学生感受到生活的各个领域都要用到数学,从而更深切地感受到数学的应用价值,发展学生的数学应用意识.

九、2018(上半年·高级中学)

15. 论述在高中数学教学中如何理解与处理好面向全体学生与关注学生个体差异的关系.

答题要求或建议:本题要求考生了解"如何理解与处理好面向全体学生与关注学生个体差异的关系"的有关理念和方法,答题时要兼顾面向全体学生与关注学生个体差异两个方面,并要论述二者之间的关系,利用好构筑共同基础和因材施教原则.

详细解答:

教学活动应努力使全体学生达到课程目标的基本要求,同时要关注学生的个体差异,促进每个学生在原有基础上的发展.

(1)对于学习有困难的学生,教师要:① 给予及时的关注与帮助;② 鼓励他们主动参与数学学习活动,并尝试用自己的方式解决问题、发表自己的看法;③ 及时地肯定他们的点滴进步;④ 耐心地引导他们分析产生困难或错误的原因,并鼓励他们自己去改正,从而增强学习数学的兴趣和信心.

(2)对于学有余力并对数学有兴趣的学生,教师要为他们提供足够的材料和思维空间,指导他们阅读,发展他们的数学才能.

(3)在教学活动中,要鼓励与提倡解决问题策略的多样化,恰当评价学生在解决问题过程中所表现出的不同水平.

(4)问题情境的设计、教学过程的展开、练习的安排等要尽可能地让所有学生都能主动参与，提出各自解决问题的策略．

（5）引导学生通过与他人的交流选择合适的策略，丰富数学活动的经验，提高思维水平．

十、2018（下半年·高级中学）

论述题（本大题 15 分）：

15．论述数学教学中使用信息技术的作用，并阐述使用信息技术与其他教学手段的关系．

答题要求或建议：本题要求考生了解"信息技术在数学教学中的作用"以及"使用信息技术与其他教学手段的关系"，考生应依据"高中数学课程标准"中关于信息技术使用的有关论述，结合自身的理解作答．

详细解答：信息技术的发展对数学教育的价值、目标、内容以及教学方式产生了很大的影响．数学课程的设计与实施应根据实际情况合理地运用现代信息技术，要注意信息技术与课程内容的整合，注重实效．要充分考虑信息技术对数学学习内容和方式的影响，开发并向学生提供丰富的学习资源，把现代信息技术作为学生学习数学和解决问题的有力工具，有效地改进教与学的方式，使学生乐意并有可能投入到现实的、探索性的数学活动中．

在数学教学中信息技术可以与其他多种教学手段结合，并能起到互补的作用．如在不借助信息技术的情况下利用创设情境的方式去模拟实际情境，学生可能很难想象出相应的实际情景，这里就可以结合信息技术手段直接呈现图片或视频；或者在处理图形的动态变化时，如通过板书的形式一步步展示变化，一是作图比较烦琐，二是连贯性不强，这里可以结合几何画板、超级画板等工具直接呈现．

十一、2019（上半年·高级中学）

15．函数是中学数学课程的主线，请结合实例谈谈如何用函数的观点来认识中学数学课程中的方程、不等式、数列等内容．

答题要求或建议：本题要求考生理解"函数是中学数学课程的主线"这一观点，同时能利用函数的观点看待方程、不等式、数列等内容，要求举出实例进行论述.

详细解答：100 多年前（1904 年），F．克莱因在哥廷根大学演讲，就提出中学数学内容应以"函数概念"为中心（详见第 3 章的有关内容）．首先，函数是中学阶段的重要知识点，同时函数思想与方程思想也是重要的数学思想方法．函数思想是指用函数的概念、性质和观点去分析问题、转化问题和解决问题；方程思想是从问题的数量关系入手，应用数学语言将问题中的条件转化为数学模型，包括方程、方程组、不等式和不等式组等，然后通过解方程或解不等式来解决问题.

（1）函数与方程．当令函数 $y=f(x)$ 中的 $y=0$，函数 $y=f(x)$ 就变成了方程 $f(x)=0$，因此高中数学有一个知识点为"方程的根与函数的零点"，本质上求函数 $y=f(x)$ 的零点，就是求方程 $f(x)=0$ 的根，也就是求函数 $y=f(x)$ 的图像与 x 轴交点的横坐标．反过来，求一些特殊方程［如 $f(x)-g(x)=0$］的近似解时，我们也可以将此方程拆分成两个函数［$y=f(x)$，$y=g(x)$］，分别画出两个函数图像，将解方程的问题变成求函数图像的交点问题.

（2）函数与不等式．当取函数 $y=f(x)$ 中的 $y>0$（或 $y<0$）时，函数 $y=f(x)$ 就变成了不等式 $f(x)>0$［或 $f(x)<0$，当然也可包括取等号的情形］，因此，解不等式的问题就可看成是讨论函数 $y=f(x)$ 的函数值取不同符号的 x 范围问题，类似的也可以利用函数图像解一些特殊不等式［如 $f(x)-g(x)>0$ 等］.

（3）函数与数列．数列 $\{a_n\}$ 可以看成是将函数 $y=f(x)$ 的定义域限制在正整数集或其子集的情况，即 $a_n=f(n),n\in \mathbf{N}^*$，因此我们可以利用函数的单调性、有界性、周期性等性质帮助讨论数列的有关性质；等差数列的通项公式［$a_n=a_1+(n-1)d$］和前 n 项和公式［$S_n=na_1+\dfrac{n(n-1)d}{2}$］可以分别看成关于 n 的一次函数和二次函数，同时等比数列也可以看成与指数型函数有关的问题.

十二、论述题复习建议与同步练习

（一）复习建议

论述题一般理论性较强，这是论述题最突出的特点．对于数学教师资格证考试而言，论述题主要涉及中学数学重要的知识点和大观点、大方法．

论述题的答案，并不强调标准化，允许自由发挥，鼓励有自己的见解．因此，从论述题的回答中可以看出一个考生的学科素养和教育水平．论述题的回答，要求理论要有深度，要结合自身的理解，对学生的综合能力和数学教育观念有一定的质量要求．

因此，对论述题的复习建议是，要关注中学数学的核心知识点以及数学的大观点、大方法，要多看书、多积累，并且答题时要有自己的见解，要结合自身对问题思考作答．

（二）同步练习

（1）请谈一谈你对"数学教学是数学思维活动的教学"这句话的理解．

（2）请简述数学教学情境创设的基本要求有哪些，并举例说明．

（3）请简述数学课堂导入的基本类型，并举例说明．

（4）请谈谈数学教师在教学中如何注意问题的启发性，并举例说明．

（5）请结合实例说明中学生是怎样学习数学概念的．

（6）在讲解立体几何的有关概念时，我们常常借助实物模型或图形，这体现了数学教学的哪一原则？请做简要的分析．

（7）数学教学是对数学课程的具体实施，是为达成一定的数学课程目标、在特定的环境条件之下展开的教学活动．请简述新课程背景下对教学过程的定位．

（8）请给出中学几何研究图形的几个主要方法，并试以其中一种为例，说明该种方法的基本特点．

# 第 7 章 数学教育案例分析答题技巧

本章归纳和整理 2014—2019 年"数学学科知识与教学能力"考试真题中教育教学能力部分的案例分析题,对每一个问题给出答题要求或建议,以及详细解答,并在本章的末尾给出数学教育案例分析题的答题(复习)建议和同步练习,为考生备考提供力所能及的帮助.

一、2014(上半年·高级中学)

16. 案例分析题.(本大题 20 分)
下面是某位高一数学教师教学偶函数时的教学片段,请详细阅读,然后回答问题.
师:同学们,前面我们学习了函数的基本性质——函数的单调性,今天我们将继续学习函数的基本性质:函数的奇偶性.
(边口述边板书课题)
什么是偶函数呢?
(投影,老师同时口述)
定义:如果对于函数 $f(x)$ 的定义域内任意一个 x,都有 $f(-x)=f(x)$,那么函数 $f(x)$ 就叫偶函数.
师:请同学们齐声朗读一遍.
(大家一起朗读)
师:好!从这个定义看,偶函数有什么性质呢?请同学们 4~5 人一组,进行探索、讨论和交流,然后我们来交流探索结果.
(学生们结成 4~5 人一组,开展小组学习,大约经历了 8 分钟,期间教师参与了部分小组的讨论并进行指导)
师:现在我们请各个小组汇报探索结果.

问题：

（1）该教师通过直接呈现偶函数定义的方式让学生获得概念，对此你有何看法？并说明理由.（10分）

（2）请对该教师的课堂提问做出评析.（10分）

答题要求或建议：这里要求考生理解所给案例的含义，找出案例的教学过程中可能存在的优点与不足，并尽可能从正反两个方面进行分析. 答题时要尽可能详细，内容尽可能充实，论述要有理有据.

详细解答：

（1）该教师的这种直接呈现偶函数定义的方法，抽象思维能力较高的学生较容易接受，使之能够直接进入学习状态并对本节的学习内容有一个总的概念与基本的轮廓. 但对于其他抽象思维能力较差的学生来说，学习有一定的困难，并且这样的教学不符合新的教学理念，学生并没有参与到偶函数概念的形成过程中，没有体现学生的主体地位，教师也没有创设出学习偶函数概念的数学情境，也没有起到一个引导者的作用.

对于偶函数的定义的讲授，建议由具体的函数图像（如 $y=x^2, y=|x|$ 等）引入，通过观察图像的特点，学生自行归纳总结出偶函数的定义. 学生在由具体到抽象、表象到概念的学习过程中，可以提高其观察能力、抽象概括能力、数形结合能力等.

（2）该教师的课堂提问违背了课堂提问的基本原则：① 目的性原则和启发性原则. 课堂提问应有效地引导学生积极思考，启迪学生思维，而该老师的提问太过盲目，没有针对性，无法达到应有的课堂效果. ② 适度性原则与循序渐进原则. 课堂提问的设计要考虑学生的认知水平和认知顺序，要遵循由浅入深由易到难的规律，使学生能够拾级而上，从而深刻理解偶函数的概念. 案例中老师的提问不符合现阶段学生的认知水平，问题难度过大，无法达到预期的学习效果，学生能力也无法得到相应的提高.

二、2014（下半年·高级中学）

16. 案例分析题.（本大题20分）

某教科书选修4-5(不等式的证明)有一道例题，求证：$\sqrt{2}+\sqrt{7}<\sqrt{3}+\sqrt{6}$.

证明：因为 $\sqrt{2}+\sqrt{7}$ 和 $\sqrt{3}+\sqrt{6}$ 都是正数，所以要证 $\sqrt{2}+\sqrt{7}<\sqrt{3}+\sqrt{6}$，

只需证 $(\sqrt{2}+\sqrt{7})^2<(\sqrt{3}+\sqrt{6})^2$，展开得 $9+2\sqrt{14}<9+2\sqrt{18}$，

只需证 $\sqrt{14}<\sqrt{18}$，只需证 $14<18$.

因为 $14<18$ 成立，所以 $\sqrt{2}+\sqrt{7}<\sqrt{3}+\sqrt{6}$ 成立.

两位教师基于上述例题，在课堂教学中做了教学处理：

教师1：让学生直接阅读教科书，然后问学生是否看懂了，在得到一些学生看懂了的反馈后，教师又布置了一道练习题，求证：$\sqrt{3}+\sqrt{8}>1+\sqrt{10}$.

教师2：让学生用计算器分别计算 $\sqrt{2}+\sqrt{7}$ 和 $\sqrt{3}+\sqrt{6}$，并比较大小，然后问学生如果不用计算器计算，那么如何比较大小？让学生独立思考，教师巡视后提问没有思路的同学，并进一步启发学生，为了证明该不等式，只需证明什么不等式即可. 为了广开学生思路，教师把学生提出的几种方法都写在黑板上，如 $(\sqrt{2}+\sqrt{7})^2<(\sqrt{3}+\sqrt{6})^2$，$\sqrt{7}-\sqrt{6}<\sqrt{3}-\sqrt{2}$……，通过师生互动合作，用几种分析法解决了问题后，教师接着问学生，是否还有其他不同的解决问题的思路. 一位同学说，我想到了该不等式问题可以转化为函数问题予以解决. 教师觉得这位同学的方法独具匠心，但是教师设计教学时，没有想到这种解法，觉得这是教学中生成的新解法.

问题：

（1）教师1主要按照教科书提供的解决问题的方法组织课堂教学，教师2没有完全按照教科书组织教学，请对两位教师的做法加以评价.（5分）

（2）为了引发学生积极思考、领悟数学思想，从处理好课堂教学中预设与生成关系的视角，对两位教师的教学做评析.（10分）

（3）给出运用函数证明该不等式的方法，并简要说明该方法的数学教学价值.（5分）

答题要求或建议：本题要求考生理解所给案例的含义，从正反两个方面比较并评价两位老师教学的优点与不足，并要求从处理好课堂教学中预设与生成关系的视角对两位老师的教学进行评析，最后还需要给出运用函数证明该不等式的方法（这里需要构造恰当的函数并利用函数的单调性证明不等式），并讨论该方法的数学教学价值.

详细解答：

（1）教师1的教法是传统的教学方法，相对比较死板，没有很好地结

合学生已有的认知水平，也没有考虑到学生之间的个体差异，其优点是教师在例题结束后布置了一道练习题进行巩固；教师 2 的教学符合新课标的教学理念，将课堂交给学生，以学生为主体，教师为主导，引导学生进行思考，循序渐进启发学生，充分考虑到学生的个体差异，帮助学生发现解决问题的思路．在课堂中，教师 2 采取了师生互动合作的学习方式，并将学生的解答方法展现在黑板上，最后让学生补充其他的解题方法，充分尊重每一个学生的想法．教师 2 的不足之处在于教学设计时没有充分考虑到各种可能的解法，如利用函数的方法解决此不等式，这也充分体现了备课的重要性，同时也缺少练习巩固的环节．

（2）教师没有辩证的理解教学中"预设与生成"的关系，如果教学中只有"预设"、完全封闭、一切尽在教师的掌握之中，教师就没有很好地结合学生的认知水平、个体差异，也不能处理一些突发的"生成"情况，无法体现教学的灵活性，也不能很好地因材施教，影响课堂教学质量．相对而言，教师 2 做了较好的"预设"，并选择了恰当的教学流程，体现了新课程的教学理念，但是教师 2 没能够充分考虑到各种解法，对于学生提出用函数的方法来解决这道不等式问题，教师 2 不能很好地因势利导进行处理，也没有让学生充分展示如何利用函数的方法解决问题．

（3）构造函数 $f(x)=\sqrt{x}+\sqrt{9-x}$ $(0 \leqslant x \leqslant 9)$，则

$$f'(x)=\frac{1}{2\sqrt{x}}-\frac{1}{2\sqrt{9-x}}=\frac{1}{2}\left(\frac{\sqrt{9-x}-\sqrt{x}}{\sqrt{x}\cdot\sqrt{9-x}}\right),$$

令 $f'(x)>0$，则 $0<x<\dfrac{9}{2}$；令 $f'(x)<0$，则 $\dfrac{9}{2}<x<9$．

由函数的单调性可知：$f(2)<f(3)$，即证得 $\sqrt{2}+\sqrt{7}<\sqrt{3}+\sqrt{6}$ 成立．

运用函数证明不等式的方法，主要是根据题目的已有信息构造恰当的函数，并利用函数的单调性（有时候需要借助导数工具）来证明不等式．这使我们意识到不等式与函数是紧密联系的，很多不等式的问题往往有相关的函数背景，我们可以充分利用函数思想解决问题．同时，这一道题也要求我们恰当地引导学生学会构造函数的方法，有利于学生数学思维能力和逻辑推理能力的培养．

三、2015（上半年·高级中学）

16. 案例分析题.（本大题20分）

方式1. 实数有加法运算，那么下列集合的关系呢？

方式2. 班里有会弹钢琴的，会打拳的……（给出集合的并集的定义）

方式3. 前面学习了集合，集合的表示、基本关系，接下来呢……

（1）分析三种引入方式的特点.（6分）

（2）对于方式3，教师可以引导学生进一步提出哪些问题.（6分）

（3）数学概念引入的关键点是什么？（4分）如何使数学概念的引入更加自然？（4分）

答题要求或建议：本题要求考生理解所给"集合的运算"教学引入的3种方式，分析3种引入方式的特点，并结合方式3给出教师引导学生可能提出的问题，同时讨论数学概念引入的关键以及如何使数学概念的引入更加自然等. 该题主要考察概念教学中的引入环节的教学设计，同时要求考生熟悉"创设情境—提出问题"的教学模式.

详细解答：

（1）方式1的引入，从学生熟悉的实数加法运算入手，降低了认知难度，但是集合间运算的交、并、补、差与实数的运算虽然有一定的联系，但是也有差别，在教学过程中应注意引导学生思考探究，避免出现运算误区和产生负迁移；方式2的引入，利用学生熟悉的人和事创设问题情境，有利于消除学生对新知识的陌生感，可以激发学生的学习兴趣，容易引发学生的思维共鸣；方式3的引入，通过新旧知识的衔接过渡，可以降低学生对新知识的认知难度，但是缺乏对具体旧知识的回顾，只是一语带过，不能够全面顾及班上所有学生对旧知识的掌握程度，无法到达"温故知新"的目的.

（2）可以提出如下一系列问题：

问题1：接下来我们可以研究集合之间的运算，集合之间可能有哪些运算呢？集合运算的结果是什么？有没有运算规律呢？

问题2：集合的并集运算与实数的加法运算有什么异同点？

问题3：集合的补集运算与实数的减法运算有什么异同点？

问题4：集合的交集运算需要注意什么问题？

（3）数学概念引入的关键点是① 注意运用新旧知识之间的内在联系；② 注意把握学生的认知水平，结合学生实际情况进行教学设计；③ 恰当利用归纳和类比的方法引导学生给概念下定义或研究数学概念的性质.

为了使数学概念的引入更加自然，教师可以：① 在利用新旧知识之间的联系引入概念时，注意创设类比发现的数学问题情境，关注新旧知识的衔接，以利于新概念的同化；② 充分运用学生已有的数学知识和感性经验，创设恰当的问题情境，引导学生从具体事例中抽象出数学概念.

四、2015（下半年·高级中学）

16. 案例分析题.（本大题20分）

在"三角函数求值"的教学中，教师给出了如下的问题.

已知 α、β 为锐角，$\sin\alpha = \dfrac{2\sqrt{5}}{5}$，$\sin(\alpha+\beta) = \dfrac{3}{5}$，求 $\cos\beta$ 的值.

教师让两位学生板演，他（她）们的板演过程如下：

生1：因为 $\sin\alpha = \dfrac{2\sqrt{5}}{5}$，$\alpha$ 是锐角，所以 $\cos\alpha = \dfrac{\sqrt{5}}{5}$.

又因为 $\sin(\alpha+\beta) = \dfrac{3}{5}$，$0 < \alpha+\beta < \pi$，所以 $\cos(\alpha+\beta) = \pm\dfrac{4}{5}$.

当 $\cos(\alpha+\beta) = \dfrac{4}{5}$ 时，

$$\cos\beta = \cos[(\alpha+\beta)-\alpha] = \cos(\alpha+\beta)\cos\alpha + \sin(\alpha+\beta)\sin\alpha$$
$$= \dfrac{4}{5}\times\dfrac{\sqrt{5}}{5} + \dfrac{3}{5}\times\dfrac{2\sqrt{5}}{5} = \dfrac{10\sqrt{5}}{25} = \dfrac{2\sqrt{5}}{5}.$$

当 $\cos(\alpha+\beta) = -\dfrac{4}{5}$ 时，

$$\cos\beta = \cos[(\alpha+\beta)-\alpha] = \cos(\alpha+\beta)\cos\alpha + \sin(\alpha+\beta)\sin\alpha$$
$$= -\dfrac{4}{5}\times\dfrac{\sqrt{5}}{5} + \dfrac{3}{5}\times\dfrac{2\sqrt{5}}{5} = \dfrac{2\sqrt{5}}{25}.$$

生 2：因为 $\sin\alpha = \dfrac{2\sqrt{5}}{5}$，$\alpha$ 是锐角，所以 $\cos\alpha = \dfrac{\sqrt{5}}{5}$．

由 $\sin(\alpha+\beta) = \dfrac{3}{5}$，即 $\sin\alpha\cos\beta + \cos\alpha\sin\beta = \dfrac{3}{5}$．

设 $\cos\beta = x$，因为 β 为锐角，所以 $\sin\beta = \sqrt{1-x^2}$，

则 $\dfrac{2\sqrt{5}}{5}x + \dfrac{\sqrt{5}}{5}\sqrt{1-x^2} = \dfrac{3}{5}$，去分母得 $2\sqrt{5}x + \sqrt{5}\cdot\sqrt{1-x^2} = 3$，

移项，$\sqrt{5}\cdot\sqrt{1-x^2} = 3 - 2\sqrt{5}x$，

两边平方，$5 - 5x^2 = 9 - 12\sqrt{5}x + 20x^2$，

合并同类项，$25x^2 - 12\sqrt{5}x + 4 = 0$，

解方程得 $x_1 = \dfrac{2\sqrt{5}}{25}$，$x_2 = \dfrac{2\sqrt{5}}{5}$．

教师发现两位学生板演的内容与自己预设的内容不一致．

问题：

（1）你如何评价这两位学生的解题过程．（10分）

（2）假如你是该教师，针对学生板演的情况，如何组织进一步的教学，完成该题的教学任务．（10分）

答题要求或建议：本题要求考生从两位学生的板演中发现可能存在的问题，并从正反两个方面客观评价学生的解题过程．同时要设计进一步的教学，引导全体学生分析他们错误的原因，并提醒学生注意避免类似错误的产生．该题主要考查考生对三角函数求值的熟悉程度，并能结合案例进行恰当评价和设计进一步的教学．

详细解答：

（1）学生 1 的解答思路一开始是比较清晰的，两次利用同角的正弦和余弦的平方关系，并结合分类讨论、两角差的余弦公式求出 $\cos\beta$ 的值，但是分类讨论后忘记验证两种情况是否都成立，原因是当出现 $\cos\beta = \dfrac{2\sqrt{5}}{5}$ 时，

未及时对照题目的条件，题目中有已知条件 $\sin\alpha = \dfrac{2\sqrt{5}}{5}$，如果学生熟悉 $\cos(\dfrac{\pi}{2} - \alpha) = \sin\alpha$，则马上可以通过 $\cos\beta = \dfrac{2\sqrt{5}}{5}$ 且 $\sin\alpha = \dfrac{2\sqrt{5}}{5}$（$\alpha$、$\beta$ 为锐角）得到 $\alpha + \beta = \dfrac{\pi}{2}$ 的结论，则 $\sin(\alpha + \beta) = 1$ 与已知条件不符.

学生 2 利用两角和的正弦公式，并化为一元二次方程进行求解，方法本身没有问题，并能利用方程思想进行求解. 但是他同样没有验证所得结果的正确性，和学生 1 犯了同样的错误. 所以两位学生都得出了与教师的预设不一样的结果.

整体来说，两位学生已经很好地掌握了三角函数的有关知识，公式运用也比较熟练，且对转换思想、方程思想有一定的把握，但都缺乏对结果的检验，缺乏解题后的回顾与反思.

（2）首先可以请全班同学分组讨论（2 人一组或 4 人一组）两位同学板演的答案是否正确，问题出在哪里，老师要留出一定的时间让全班同学深入讨论；其次，在讨论的过程中，教师可以巡视或参与到某些组的讨论中，找出学生的疑惑之处并适时加以提示或引导；最后可以请 2~3 位小组代表发言，指出两位学生的错误之处，并请同学们发表对以后遇到类似问题的处理办法. 教师在教学过程中，要特别提醒学生注意遇到分类讨论或用方程思想解题时，一定要验证结果的正确性，同时要引导学生认识到解题回顾与反思的重要性，也可进一步让学生课后思考此题是否还有其他解法，有没有什么办法可以避免出现类似增根的情形.

五、2016（上半年·高级中学）

16. 案例分析题.（本大题 20 分）

在等差数列的习题课教学中，教师布置了这样一个问题：等差数列前 10 项和为 100，前 100 项和为 10，求前 110 项的和.

两位学生的解法如下：

学生甲：设等差数列的首项为 a_1，公差为 d，则

$$\begin{cases} S_{10} = 10a_1 + \dfrac{10 \times 9}{2}d = 100 \\ S_{100} = 100a_1 + \dfrac{100 \times 99}{2}d = 10 \end{cases},$$

解得 $a_1 = \dfrac{1099}{100}$, $d = -\dfrac{11}{50}$.

所以 $S_{110} = 110a_1 + \dfrac{110 \times 109}{2}d = -110$.

学生乙：设等差数列 $\{a_n\}$ 前 n 项和为 $S_n = An^2 + Bn$，由已知得

$$\begin{cases} 100A + 10B = 100 \\ 10000A + 100B = 10 \end{cases}, \text{解得 } A = -\dfrac{11}{100}, B = \dfrac{111}{10}.$$

所以，$S_{110} = 110^2 \times (-\dfrac{11}{100}) + 110 \times \dfrac{111}{10} = -110$

针对上述解法，一些学生提出了自己的想法.

学生丙：怎么刚好有 $S_{100} + S_{10} = -S_{110}$ 呢？这是一种巧合吗？上述所得到的结论中是否隐含着一般性的规律呢？

老师：同学丙所说的规律是否就是：一般地，在等差数列 $\{a_n\}$ 中，若存在正整数 p, q 且 $p \neq q$，使得 $S_p = q, S_q = p$，则 $S_p + S_q = -S_{p+q}$. （*）请同学们进行验证.

问题：

（1）请分析学生甲和学生乙解法各自的特点，并解释学生乙设 $S_n = An^2 + Bn$ 的理由.（12分）

（2）请验证（*）中结论是否成立.（8分）

答题要求或建议：本题要求考生熟悉等差数列前 n 项和的有关知识，根据两位学生的解法分析其特点，并能恰当解释等差数列前 n 项和 S_n 能够表示成关于 n 的二次表达式，同时验证案例中所给出的规律（*）是否成立.

详细解答：

（1）学生甲的解法是先根据已知条件，利用等差数列前 n 项和的公式联立方程组求出首项 a_1 和公差 d，然后再进一步利用求和公式求出前 110

项的和；学生乙的解法是根据等差数列前 n 项和的公式 $S_n = na_1 + \dfrac{n(n-1)d}{2} = \dfrac{d}{2} \cdot n^2 + (a_1 - \dfrac{d}{2}) \cdot n$，于是可以把等差数列前 n 项和 S_n 看成关于 n 的二次表达式（二次函数），令 $S_n = An^2 + Bn$，利用函数的观点和待定系数法的方法解决问题.

（2）（*）中结论是成立的，证明如下：

由等差数列前 n 项和的公式可得

$$S_p = a_1 p + \dfrac{p(p-1)}{2} d = q \qquad ①$$

$$S_q = a_1 q + \dfrac{q(q-1)}{2} d = p \qquad ②$$

$$S_{p+q} = a_1(p+q) + \dfrac{(p+q)(p+q-1)}{2} d \qquad ③$$

由于 $p \neq q$，联立①②可解得

$$d = -\dfrac{2(p+q)}{pq} \qquad ④$$

由③得

$$\begin{aligned} S_{p+q} &= a_1 p + a_1 q + \dfrac{p(p-1)}{2} d + \dfrac{q(q-1)}{2} d + pqd \\ &= S_p + S_q + pqd \end{aligned} \qquad ⑤$$

联立①②⑤得

$$S_p + S_q + S_{p+q} = 2(p+q) + pqd$$

代入④得

$$S_p + S_q + S_{p+q} = 0$$

于是有 $S_p + S_q = -S_{p+q}$，所以（*）中结论成立.

六、2016（下半年·高级中学）

16. 案例分析题.（本大题 20 分）

在一次数学课上，教师给出如下例题：

求证：$\sin\theta + \sin\varphi = 2\sin\dfrac{\theta+\varphi}{2}\cos\dfrac{\theta-\varphi}{2}$.

该例题的教学过程如下：

教师首先证明等式 $\sin(\alpha+\beta) + \sin(\alpha-\beta) = 2\sin\alpha\cos\beta$，

然后令 $\alpha = \dfrac{\theta+\varphi}{2}, \beta = \dfrac{\theta-\varphi}{2}$，则 $\theta = \alpha+\beta, \varphi = \alpha-\beta$，

于是 $\sin\theta + \sin\varphi = 2\sin\dfrac{\theta+\varphi}{2}\cos\dfrac{\theta-\varphi}{2}$ 成立.

接着，教师给出另一种证法：

$$\text{等式左边} = \sin(\dfrac{\theta+\varphi}{2} + \dfrac{\theta-\varphi}{2}) + \sin(\dfrac{\theta+\varphi}{2} - \dfrac{\theta-\varphi}{2})$$

$$= \sin\dfrac{\theta+\varphi}{2}\cos\dfrac{\theta-\varphi}{2} + \cos\dfrac{\theta+\varphi}{2}\sin\dfrac{\theta-\varphi}{2} + \sin\dfrac{\theta+\varphi}{2}\cos\dfrac{\theta-\varphi}{2} -$$

$$\cos\dfrac{\theta+\varphi}{2}\sin\dfrac{\theta-\varphi}{2}$$

$$= 2\sin\dfrac{\theta+\varphi}{2}\cos\dfrac{\theta-\varphi}{2}$$

$$= \text{等式右边}$$

即得等式成立.

正当老师要转入下一个例题的时候，有学生提出，能否从等式右边推导出等式左边？教师以从等式右边推导出左边比较烦琐为理由，不理会学生，就匆匆进入了下一个例题的讲解.

问题：

（1）结合上述案例，谈一谈教师应如何应对学生提问不在教学预设的情况.（10 分）

（2）如果你是该教师，那么你如何回答学生的提问？（10 分）

答题要求或建议：本题要求考生熟悉三角函数的恒等变形，要求考生

正确理解教学中预设与生成的关系并能恰当处理学生提问不在教学预设的情况,同时根据案例中学生提出的问题给出恰当的回答.

详细解答:

(1)在教学中,教师应该区别对待学生提出的问题.首先,教师要判断学生提出问题的价值,依据问题价值性的大小给予相应的回应.我们把与教学目标相关的问题都归为"正问题",把偏离或背离教学目标的问题归为"负问题".本案例中的学生提出的"能否从等式右边推导出等式左边",这一问题与教学目标密切相关,是典型的"正问题".教师对待"正问题"要积极回应;而对学生提出"负问题",教师可以采取"冷处理"的办法,或通过积极的启发引导将"负问题"转化为"正问题";如遇到学生提出的无效问题甚至是无理取闹的问题,教师要明确地加以制止或批评.其次,当教师遇到学生提出的"正问题"不在教学预设中时,教师要依据问题的内容灵活处理,如进行师生讨论或组织学生讨论,或给予一定提示让学生自行探究或课后解决,当然对一些很有价值很有意义的问题,教师最好立即给出积极的回应并进行及时的解决.

(2)如果我是该教师,我会将该问题作为一道思考题目,让学生进行小范围的讨论,最后对三种不同的解题方式进行分析、总结,具体实施过程如下:

问题1:刚刚这位同学提出了一个很好的解题思路,是一种逆向思维,那么我们可不可以从等式右边推导出等式左边呢?请同桌之间互相讨论一下,看看到底行不行,又该如何推导呢?

(教师在学生讨论的过程中,进行巡视并对有困难的学生加以指导,为了不耽误教学进度,讨论的时间可以加以控制,设置为 3~5 min)

问题2:有哪位同学推导出来了呢?(下面请××同学来展示一下)

学生可能得到与如下方法类似的推导过程:

$$\sin\frac{\theta+\varphi}{2}\cos\frac{\theta-\varphi}{2}$$
$$=\sin\left(\frac{\theta}{2}+\frac{\varphi}{2}\right)\cos\left(\frac{\theta}{2}-\frac{\varphi}{2}\right)$$
$$=\left(\sin\frac{\theta}{2}\cos\frac{\varphi}{2}+\cos\frac{\theta}{2}\sin\frac{\varphi}{2}\right)\left(\cos\frac{\theta}{2}\cos\frac{\varphi}{2}+\sin\frac{\theta}{2}\sin\frac{\varphi}{2}\right)$$

$$= \sin\frac{\theta}{2}\cos^2\frac{\varphi}{2}\cos\frac{\theta}{2} + \cos^2\frac{\theta}{2}\sin\frac{\varphi}{2}\cos\frac{\varphi}{2} + \sin^2\frac{\theta}{2}\cos\frac{\varphi}{2}\sin\frac{\varphi}{2} + \cos\frac{\theta}{2}\sin^2\frac{\varphi}{2}\sin\frac{\theta}{2}$$

$$= \sin\frac{\theta}{2}\cos\frac{\theta}{2}\left(\cos^2\frac{\varphi}{2}+\sin^2\frac{\varphi}{2}\right) + \sin\frac{\varphi}{2}\cos\frac{\varphi}{2}\left(\cos^2\frac{\theta}{2}+\sin^2\frac{\theta}{2}\right)$$

$$= \frac{1}{2}\sin\theta + \frac{1}{2}\sin\varphi$$

即 $\sin\theta + \sin\varphi = 2\sin\dfrac{\theta+\varphi}{2}\cos\dfrac{\theta-\varphi}{2}$.

问题 3：请同学们对比这三种解决方法，它们各自的优点是什么？谈一谈你更倾向于用哪种方法解决问题？

最后引导学生共同总结：在解决三角函数公式证明题时，合理地选择诱导公式以及和差化积公式非常重要，如上面的最后一种方法就是对两角和与差的公式的反复运用，虽然计算过程稍显复杂，但是方法却更加简便；此外，学生应善于灵活运用整体代换的思想解决问题，以便精简计算过程、避免计算出错，如本题的前两种方法即是如此.

七、2017（上半年·高级中学）

16. 案例分析题.（本大题 20 分）

在学习《平面向量》后，某数学教师安排了如下一道选择题：

若非零向量 $\vec{a}$，$\vec{b}$ 满足 $|\vec{a}-\vec{b}|=|\vec{b}|$，则（　　）.

A. $|2\vec{b}|>|\vec{a}-2\vec{b}|$ 　　　　B. $|2\vec{b}|<|\vec{a}-2\vec{b}|$

C. $|2\vec{a}|>|2\vec{a}-\vec{b}|$ 　　　　　D. $|2\vec{a}|<|2\vec{a}-\vec{b}|$

教师要求学生写出他们详细的解题过程，三位学生分别给出了如下的解法：

学生 1：因为 $|\vec{a}-\vec{b}|=|\vec{b}|$，所以 $\vec{a}-\vec{b}=\vec{b}$ 或 $\vec{a}-\vec{b}=-\vec{b}$，故 $\vec{a}=2\vec{b}$ 或 $\vec{a}=0$（舍去），所以 $|\vec{a}-2\vec{b}|=0$. 由于 $\vec{b}$ 是非零向量，所以 $|2\vec{b}|>0$，故 $|2\vec{b}|>|\vec{a}-2\vec{b}|$，选 A.

学生 2：因为 $|\vec{a}-\vec{b}|=|\vec{b}|$，所以 $(\vec{a}-\vec{b})(\vec{a}-\vec{b})=\vec{b}\cdot\vec{b}$，$\vec{a}\cdot\vec{a}-2\vec{a}\cdot\vec{b}+\vec{b}\cdot\vec{b}=\vec{b}\cdot\vec{b}$，

所以 $\vec{a}\cdot\vec{a}=2\vec{a}\cdot\vec{b}$，所以 $\vec{a}=2\vec{b}$ 故 $|\vec{a}-2\vec{b}|=0$。由于 $\vec{b}$ 是非零向量，所以 $|2\vec{b}|>0$，故 $|2\vec{b}|>|\vec{a}-2\vec{b}|$，选 A.

学生 3：因为 $|\vec{a}-\vec{b}|=|\vec{b}|$，所以 $|\vec{a}-\vec{b}|^2=|\vec{b}|^2$，$|\vec{a}|^2-2|\vec{a}||\vec{b}|+|\vec{b}|^2=|\vec{b}|^2$，$|\vec{a}|^2=2|\vec{a}||\vec{b}|$，所以 $|\vec{a}|=2|\vec{b}|$，故 $|2\vec{b}|>|\vec{a}-2\vec{b}|$，选 A.

问题：

（1）如果你是这位数学教师，请指出这三种解法存在的错误.（9分）

（2）请你从已知条件 $|\vec{a}-\vec{b}|=|\vec{b}|$ 出发，通过数形结合，引导学生给出一种正确的解法.（5分）

（3）针对学生在向量运算中的错误，请写出实数运算与向量运算的不同点（至少写出三点）.（6分）

答题要求或建议：这里要求考生熟悉向量的基本运算，能正确区分向量运算与实数运算的不同点，并能对学生混淆向量运算与实数运算做出判断并纠正错误，同时要求利用数形结合的方法引导学生正确地解决问题.

详细解答：

（1）学生 1 在解答过程中只关注了 $\vec{a}-\vec{b}$ 与 $\vec{b}$ 共线（同向或反向）时，在两个向量模长相等时 $\vec{a}$ 与 $\vec{b}$ 满足的关系，但是忽略了 $\vec{a}-\vec{b}$ 与 $\vec{b}$ 两个向量不共线的情况；学生 2 在解答过程中虽然注意到向量模长的性质，即 $|\vec{a}|^2=\vec{a}\cdot\vec{a}$，但是在化简过程中混淆了向量的数量积与实数的乘法，忽略了向量数量积的性质，即 $\vec{a}\cdot\vec{b}=|\vec{a}|\cdot|\vec{b}|\cos\theta$，其中 θ 为两向量的夹角；学生 3 在解答过程中把向量当作实数相乘，也同样忽略了向量数量积的性质.

（2）向量的线性运算不仅涉及向量的长度，还涉及向量的方向，因此可以设置以下问题引导学生思考：

问题 1：向量在进行线性运算加减法的时候，满足什么样的运算法则呢？

问题 2：在运用三角形法则与平行四边形法则进行计算的过程中，应根据向量的何种特征进行合理的选择呢？

问题 3：现在我们将 $\vec{a}$ 与 $\vec{b}$ 分两种情况进行讨论：① 向量有系统起点时；② 两向量首尾相连时. 对两个向量进行减法的线性运算. 当 $\vec{a}$ 与 $\vec{b}$ 满足

何种位置关系时，能够使得$|\vec{a}-\vec{b}|=|\vec{b}|$. 我们又可以借助哪些特殊的图形对两个向量的位置关系进行描述呢？

问题4：两种情况最终都可以用等腰三角形进行概括描述，如在等腰三角形ABC中，$AB=AC$，令$\vec{BC}=\vec{a}$，$\vec{AC}=\vec{b}$，则$\vec{a}-\vec{b}=\vec{BC}-\vec{AC}=\vec{BA}$，又$AB=AC$，则$|\vec{a}-\vec{b}|=|\vec{b}|$（见图7.1）.

接下来，大家继续借助等腰三角形ABC，在其上画出$2\vec{b}$与$\vec{a}-2\vec{b}$，看看你可以发现什么结论呢？继续画出$2\vec{a}$与$2\vec{a}-\vec{b}$，看看又可以发现什么结论呢？

结论：根据向量的线性运算法则以及三角形内角与边长的性质——大边对大角，在$\triangle BCD$中，$CD>BD$，即$|2\vec{b}|>|\vec{a}-2\vec{b}|$，而$\vec{a}-2\vec{b}$、$2\vec{a}$与$2\vec{a}-\vec{b}$的关系无法判断，故题目选A（见图7.2）.

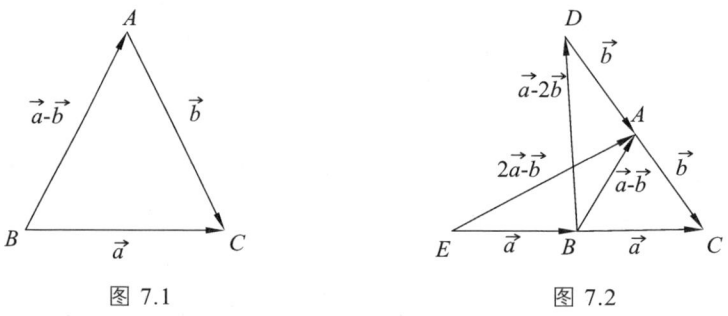

图7.1　　　　　　　　图7.2

（3）向量运算与实数运算的本质区别在于：向量运算不仅涉及向量的长度，还涉及向量的方向，而实数运算只考虑实数的大小.

向量的线性运算与实数运算虽然在运算过程中均满足交换律、结合律、分配律，但向量线性运算的结果为向量，实数的运算结果为实数.

向量的数量积与实数运算虽然在运算过程中均满足交换律、结合律、分配律，且运算结果均为实数，但实数的乘法满足消去律，向量的数量积不满足消去律.

在实数运算中，若$a\neq 0$且$ab=0$，则$b=0$；但在向量运算中，若$\vec{a}\neq 0$且$\vec{a}\vec{b}=0$，则有$\vec{b}=0$或$\vec{a}\perp\vec{b}$两种情况.

八、2017（下半年·高级中学）

16. 案例分析题.（本大题 20 分）

下列是两位教师对"复数概念"引入的教学片段：

教师甲：

为了解决 $x^2-2=0$ 在有理数集中无解，以及单位正方形对角线的度量等问题，在初中，把有理数集扩充到了实数集.

$x^2+1=0$ 在实数集中有解吗？类比初中的做法，我们该如何做呢？看来，又需要扩充数系.

数学家引入了 i，使 i 是方程 $x^2+1=0$ 的一个根，即使 $i^2=-1$，把这个新数 i 添加到实数集中去，就会得到一个新数集，记作 A，那么方程 $x^2+1=0$ 在 A 中就有解 $x=i$ 了.

这样我们就引入了一个新数.

教师乙：

16 世纪，意大利数学家卡尔达诺在解决"求两个数，使其和为 10，积为 40"时，认为这两个数是"$5+\sqrt{-15}$"和"$5-\sqrt{-15}$"，这是因为：

$$(5+\sqrt{-15})+(5-\sqrt{-15})=10,$$

$$(5+\sqrt{-15})\times(5-\sqrt{-15})=40.$$

看来 $\sqrt{-15}$ 也是一个存在的数，从而 $\sqrt{-1}$ 是一个存在的数. 数学家将 $\sqrt{-1}$ 记为 i，从而 $\sqrt{-15}=\sqrt{15}i$.

这样我们就引入了一个新数.

……

这节课我们学习了复数的表达形式 $a+bi$ ($a、b\in \mathbf{R}$). 当然，复数还有其他表示法，在后续的课程中我们会学习到.

问题：

（1）请分析这两位教师教学引入片段的特点.（12 分）

（2）复数还有三角表示法，请简述三角表示法的意义.（8 分）

答题要求或建议：本题要求考生熟悉复数概念的引入教学，能比较两种不同教学片段的特点，同时熟悉复数的各种表示法，并能简述复数三角表示法的意义.

详细解答:

(1) 教师甲的复数概念引入的设计思路是温故知新, 带着学生回忆初中引入无理数概念的方法, 利用类比的方法引入新数来扩充数系. 这样做, 一方面通过问题 "$x^2+1=0$ 在实数集中有解吗?" 让学生体会到引入新数 (复数) 的必要性; 另一方面通过类比让学生学习研究和解决问题的方法 (这里是类比). 这样的设计对学生解决问题的能力有一定的提高, 但相对而言缺乏趣味性.

教师乙基于 HPM (数学史与数学教育) 的理念, 利用数学史料导入新课, 这种导入结合数学的发生发展历史, 既丰富了教材内容, 又激发了学生的数学学习兴趣, 调动了学生学习复数概念的积极性, 引发了学生的数学思考, 使学生的数学学习变成了一个生动活泼且富有历史素养和人文情怀的过程, 有利于学生更好地认识数学、理解数学并最终学好数学.

(2) 复数有代数形式、三角形式、向量形式 (几何形式) 与指数形式. 将复数的代数形式 $z=a+bi$ ($a, b \in \mathbf{R}$) 表示成 $z=r(\cos\theta+i\sin\theta)$ 的形式叫作复数的三角形式表示法, 其中 $|z|=r$, θ 为复数 z 的辐角. 引进复数三角表示法的依据是复数的几何意义和三角函数的定义, 复数的三角表示法是数形结合的产物, 有了它就可借助三角知识处理复数的一些问题.

引入复数三角形式的一个重要原因在于用三角形式进行乘除、乘方、开方, 相对于代数形式较为简单, 如两复数相乘等于它们的模相乘而辐角相加, 即

$$z_1 z_2 = [r_1(\cos\theta_1+i\sin\theta_1)] \cdot [r_2(\cos\theta_2+i\sin\theta_2)] = r_1 r_2[\cos(\theta_1+\theta_2)+i\sin(\theta_1+\theta_2)]$$

此外, 复数的三角表示法也为以后引入更加本质的欧拉公式以及统一指数和三角函数等知识做好理论铺垫.

九、2018 (上半年·高级中学)

16. 案例分析题. (本大题 20 分)

通过前面的学习, 我们已经得到了异面直线的概念, 即不在同一个平

面内的两条直线叫作异面直线.为了进一步理解这一概念,请同学们回答下面问题:

如图 7.3 所示,在长方体 $ABCD-A'B'C'D'$ 的棱所在直线中,与线段 $A'B$ 所在直线成异面直线的有几条?

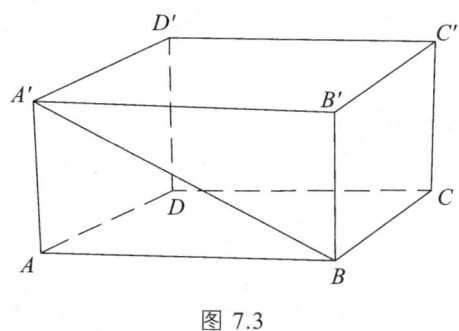

图 7.3

对于这个问题,甲乙两位同学举手回答,甲同学回答 5 条,乙同学回答 6 条.教师肯定了乙同学后,就要求学生们做另一组题目.

问题:

(1)针对教师的教学处理,谈谈你的看法.(10 分)

(2)假如你是这位教师,教学中应如何处理甲同学这种"找不全"的现象?(10 分)

答题要求或建议:本题要求考生熟悉异面直线的概念,能正确评价学生的回答,并恰当处理学生给出的错误答案.该题要求考生就具体问题具体分析,分析学生出错的原因,并找出相应的对策.

详细解答:

(1)我认为这位老师的教学处理有欠妥当.首先,教学活动是师生积极参与、交往互动、共同发展的过程,教师在提问了两名学生得到答案后只简单的肯定了乙同学的答案,就进行了后续的学习,没有考虑到全体学生的情况,未做到针对学生的个体差异进行教学,没有做到既照顾大多数学生,又有的放矢因材施教;其次在找同学回答后,只有结果性(终结性)评价,没有注意到过程评价,这不利于了解学生的学习情况,也不能激发学生的学习兴趣;第三,针对其中的错误答案,没有引导学生思考"错在哪里""为什么错误""如何改正",缺少对学生数学思维的引导,没有很好地扮演一个组织者、引导者以及合作者的角色.

(2)针对这种对异面直线"找不全"的情况,对一个班而言应该不仅仅只有甲同学一个人出问题,可能很多同学都会犯错,在解决这个问题之前,要先对为什么会出现这种情况有一个简单的思考.这种情况的发生可能会是这样几个原因:① 甲同学对于异面直线的概念理解不清,导致找不全;② 甲同学在寻找时的方法不得当,缺少条理性,导致遗漏;③ 也有可能是粗心大意造成的.针对这几个原因,假如我是这位老师,我会采取以下方法,首先针对两位同学的回答暂不做评价,而是提问其他同学,看看他们的答案是如何的;其次,在大多数同学回答是"6条"后,再提问甲同学,询问他找到的哪几条、又是如何找的;再次,针对甲同学的思路,分析看看哪里出了问题,到底是什么原因造成的,这时可以追问甲同学,看看他能不能说一说异面直线的定义,与全体同学一起,由定义入手引导甲同学思考自己哪里出现了问题,继而帮助他得出正确的答案;最后提出问题,如何能够快速地找出异面的几条直线,结合学生回答,共同总结一个条理清晰的方法.

十、2018(下半年·高级中学)

16.案例分析题.(本大题20分)

下面是高中"集合"中"集合的含义与表示"的部分教材内容:

在小学和初中,我们已经接触过一些集合,如自然数的集合,有理数的集合,不等式的解的集合,到一个定点的距离等于定长的点的集合(即圆),一条线段的两个端点距离相等的点的集合(即这条线段的垂直平分线)……

那么,集合的含义是什么呢?我们再来看下面的一些例子:

(1)1~20以内的所有素数;

(2)我国1991—2003年发射的所有人造卫星;

(3)金星汽车厂2003年生产的所有汽车;

(4)2004年1月1日之前与中华人民共和国建立外交关系的所有国家;

（5）所有的正方形；

（6）到直线 l 的距离等于定长 d 的所有点；

（7）方程 $x^2+3x-2=0$ 的所有实数根；

（8）新华中学 2004 年 9 月入学的所有高一学生.

例（1）中，我们把 1~20 以内的每一个素数作为元素，这些元素的全体就是一个集合；同样，例（2）中，把我国 1991—2003 年发射的每一颗人造卫星作为元素，这些元素的全体也是一个集合.

思考 1：

例（3）到例（8）也都能组成集合吗？它们的元素分别是什么？

一般地，我们把研究对象统称为元素（element），把一些元素组成的总体叫作集合（set），简称为集.

给定的集合，它的元素必须是确定的. 也就是说，给定一个集合，那么任何一个元素在不在这个集合中就确定了. 例如，"中国的直辖市"构成一个集合，北京、上海、天津、重庆在这个集合中，杭州、南京、广州就不在这个集合中. "身材较高的人"不能构成集合，因为组成它的元素是不确定的.

一个给定集合中的元素是互不相同的. 也就是说，集合中的元素是不重复出现的. 只要构成两个集合的元素是一样的，我们就称这两个集合是相等的.

思考 2：

判断下列元素的全体是否组成集合，并说明理由：

（1）大于 3 小于 11 的偶数；

（2）我国的小河流.

我们通常用大写拉丁字母 A、B、C $\cdots$ 表示集合，用小写拉丁字母 a、b、c $\cdots$ 表示集合中的元素. 如果 a 是集合 A 的元素，就说 a 属于集合 A，记作 $a \in A$；如果 a 不是集合 A 中的元素，就说 a 不属于集合 A，记作 $a \notin A$. 例如，我们用 A 表示"1~20 以内的所有素数"组成的集合，则有 $3 \in A$，$4 \notin A$，等等.

问题：

（1）阅读这段教材，概括与集合有关的知识点.（6分）

（2）阅读这段教材中的思考 2，说明其主要意图.（6分）

（3）请说明集合在高中数学课程中的地位和作用.（8分）

答题要求或建议：该题要求考生根据教材中的内容回答相应的问题，

并能理解教材中的某个知识点、教材编写的意图以及这个知识点的地位和作用. 具体来说，这里要求考生熟悉集合的概念及其有关知识，能理解并阐述教材中设置"思考 2"的意图，同时能说明集合在高中数学课程中的地位和作用.

详细解答：

（1）与集合相关的知识点有：① 元素与集合的概念；② 构成集合的元素应满足的要求：确定性、互异性、无序性；③ 两个集合相等的概念；④ 集合与元素的字母表示法；⑤ 元素与集合的关系，能用"$\in$"或"$\notin$"表示；⑥ 判断元素是否属于某个集合.

（2）关于材料中的思考 2，主要阐述了集合与元素的字母表示法，即"用大写拉丁字母 A、B、$C\cdots$ 表示集合，用小写拉丁字母 a、b、$c\cdots$ 表示集合中的元素"，同时给出了元素与集合的关系用"$\in$"或"$\notin$"表示，并举例说明. 这里给出的是国际通用的数学语言，一方面让学生学会集合与元素及其关系的字母表示；一方面让学生学习规范化的数学语言表达；同时也让学生理解用字母表示数学对象及其关系的数学思想，以及这种表示的优越性，使学生进一步理解数学符号的使用是数学表达和进行数学思考、数学交流的重要形式；此外，也可以根据这个知识点判断学生是否能够掌握以及准确判断和表达元素与集合的关系.

（3）集合是高中数学必修 1 第一章的内容，是进入高中以后最先接触的数学知识，也是现代数学的基本语言，以后可以利用集合语言简洁、准确地表达数学内容. 在本章，学生将学习集合的一些基本知识，感受集合的数学思想方法，用集合语言表示有关数学对象，并运用集合和对应的语言进一步描述第二章的函数概念，为第二章的函数知识的学习奠定坚实的基础，以便学生能够学会初步运用函数思想理解和处理生活、社会中的简单问题.

十一、2019（上半年·高级中学）

16. 案例分析题.（本大题 20 分）

表 7.1 提供了教师 A 和教师 B 在"方程的根与函数的零点"教学中的

"课堂提问".

表 7.1

教学环节	教师 A	教师 B
概念的引入	1. 方程 $\ln x + 2x - 6 = 0$ 是否有实数根？ 2. 初中你是如何判断一个方程是否有实数根的？ 3. 函数与方程之间有什么关系？	1. 观察三组一元二次方程及其相应的二次函数，你能发现方程的根和函数图像与 X 轴交点之间有何关系吗？
概念的学习	4. 怎样定义函数的零点？ 5. 函数的零点是点吗？	2. 函数的零点如何定义？ 3. $f(x) = -x^2 - 2x + 3$ 的零点是什么？ 4. 根据下列函数图像，判断函数有几个零点？
概念的意义	6. 函数零点的几何意义是什么？	5. 函数零点的几何意义是什么？
零点存在性定理的引入	7. 根据函数图像判断，满足什么条件时函数有零点？	6. 观察 $f(x) = -x^2 - 2x + 3$ 的图像，它在 $[-4,-2]$ 上有零点，计算 $f(-4)$ 和 $f(-2)$ 的乘积，你能发现这个乘积有什么特点？在区间 $[0,2]$ 上是否也具有这种特点？
零点存在性定理的学习	（教师板书：如果函数 $y = f(x)$ 在区间 $[a,b]$ 上的图像是连续不断的一条曲线，并且 $f(a) \cdot f(b) < 0$，那么函数 $y = f(x)$ 在区间 (a,b) 内有零点，即存在 $c \in (a,b)$ 使 $f(c) = 0$，这个 c 也就是方程 $f(x) = 0$ 的根）	（教师板书：如果函数 $y = f(x)$ 在区间 $[a,b]$ 上的图像是连续不断的一条曲线，并且 $f(a) \bullet f(b) < 0$，那么函数 $y = f(x)$ 在区间 (a,b) 内有零点，即存在 $c \in (a,b)$ 使 $f(c) = 0$，这个 c 也就是方程 $f(x) = 0$ 的根）

续表

教学环节	教师 A	教师 B
零点存在性定理的学习	8. 满足定理条件的函数零点是唯一的吗？ 9. 满足什么条件零点唯一？依据是什么？	7. 为何要求函数的图像连续？ 8. 能否由"函数 $y=f(x)$ 在区间 (a,b) 内有零点"得到" $f(a)\cdot f(b)<0$ "？ 9. 如果函数 $f(x)$ 图像在 $[a,b]$ 上连续，能否由" $f(a)\cdot f(b)<0$ "判断函数 $f(x)$ 在区间 (a,b) 内有零点只有一个？
例题及练习、小结	（略）	（略）

问题：

（1）请对两位教师的课堂提问进行评价，并简述理由.（15分）

（2）请对两位教师"概念引入"环节的课堂提问给出改进建议.（5分）

答题要求或建议：该题考查考生对课堂提问的理解与认识，并能对案例中的两位老师的课堂提问给出恰当的评价，这里建议考生结合课堂提问的原则进行作答；同时，该题考查考生对"方程的根与函数的零点"及其相关知识的掌握情况，并能对该节课的"概念引入"环节设计恰当的问题.

详细解答：

（1）课堂提问的主要原则有 8 种，分别为目的性原则、启发性原则、适度性原则、兴趣原则、循序渐进原则、全面性原则、充分思考原则、及时评价原则.

教师 A 的课堂提问遵循了目的性、循序渐进、充分思考等几个原则，但违背了启发性、适度性、全面性、兴趣性以及及时评价原则. 首先是启发性、适度性、全面性，教师提出的问题普遍较难，只适合于中等及以上的学生，没有考虑全体学生；其次，教师 A 在教学中，举例说明相对较少，更多的是直接提问一些知识上面的问题让学生思考，没有很好地激发学生的学习兴趣；最后，教师 A 在整个过程中没有及时对学生的表现进行评价.

教师 B 在课堂提问中遵循了目的性、启发性、循序渐进、充分思考、兴趣性、适度性、全面性等几个原则，但同样违背了及时评价原则. 教师 B 在整个过程中,能够充分利用例子加以说明,并通过循序渐进的提问,帮助学生一步一步理解函数的零点的概念以及方程的根与函数的零点之间的关系. 教师 B 的不足之处是缺少及时评价,针对提问,教师需要对学生的回答进行及时的评价,这样才能鼓励学生积极参与学习过程,促进师生共同成长.

(2)改进或建议.

对于教师 A:① 提问时没有遵循循序渐进原则,问题的提出应该由易到难、由简到繁的进行,建议在提问时应该先提问学生"初中阶段我们是如何判断一个一元二次方程有实数根的?""我们是否可以结合对应的一元二次函数的图像来研究?""对于其他的方程,不一定是一元二次方程,我们是否也可以利用对应的函数图像来研究方程的根的情况呢?"由此引发学生的认知冲突;② 提问过程缺乏引导性,在学生不知道函数是否有实数根的情况下,引导学生回顾初中的一元二次方程与对应的一元二次函数之间的关系,进而引导学生进行思考——方程与函数之间有什么关系?

对于教师 B:虽然给出了三组一元二次方程及其对应的一元二次函数的图像,引导学生进行观察,但是可以在函数类型上进行改进,不只是呈现一元二次方程及其对应的一元二次函数的图像,还可以增加一元一次方程及其对应的一次函数的图像让学生观察.

十二、案例分析答题(复习)建议与同步练习

(一)复习建议

案例分析题主要有两种题型:

1. **教学片段型**

这种类型的案例材料是某一数学课堂实录的一部分,让考生以旁观者的角度进行评析,这类问题要求考生具有较好的数学教学能力和分析能力. 对于这种类型的案例分析题,考生可以从以下几点进行答题.

(1)泛读材料;

(2)浏览问题(问题一般是以"分析上述老师的教学片段……"开头);

（3）仔细研读教学片段，不放过每一个细节．按照教学片段中的教学过程顺序分析，如导入（主要分析导入方法以及作用）、主题探究（主要分析采用什么教学方法、教学重难点的突出情况、问题提出是否具有启发性和目的性、遵循了什么样的教学原则、教师学生的地位体现如何、教学过程是否存在什么问题、教学理念是否合理、课堂氛围如何、教学评价及效果怎样等）；

（4）总结整个教学过程，紧扣课程标准的理念对比分析；

（5）要分条答题，答题前先列出答题要点，有条理、有逻辑地答题，并结合材料具体分析（可以先写材料中的具体教学过程符合或违背了新课程理念的哪些内容，然后结合材料指出其优点、效果或不足之处，并指出对其他老师教学的启示或对这部分教学的改进建议）．

2. 问题待定型

这类题型主要是给出某个学生的解题过程，让考生找出其中的错误，并给出正确的解题过程，同时分析解题过程所蕴含的数学思想方法．答题时要求考生的数学专业知识扎实，数学解题能力较强．

在解答这类题目时，考生一定要注意先根据题目中的问题，自己做一遍，然后再找出材料中学生的解题错误之处．考生要避免先去阅读材料中学生的错误解答，这样容易被先入为主的错误思维误导．对于正确解题过程中蕴涵的数学思想方法，通常涉及的主要有数形结合法、分类讨论法、化归思想、从特殊到一般、函数思想、方程思想等，可根据具体情况作答．

对于案例分析题的复习，考生要多看优秀教学案例以及相应的点评，并要熟悉课程标准和新的教学理念，多练习多动手，要自己动手做一做、写一写案例分析题的答案，而不是只看不动手，容易出现眼高手低的情况．

（二）同步练习

1. 案例一

面对课堂上出现的各种各样的意外情况，教师如何正确应对，如何让这些意外为我们的课堂教学服务，如何把自己课前的预设和课堂上的意外有效融合，从而实现教学效果的最大化，这是教师时刻面临的问题．

在一次听课中,有下面的一个教学片段:教师在介绍完中位线的概念后,布置了一个探究活动.

师:大家把手中的三角形纸片沿其中一条中位线剪开,并用剪得的纸片拼出一个四边形,由这个活动你可以得到哪些和中位线有关的结论?

(学生正准备动手操作,一名学生举起了手)

生:我不剪也知道结论.

师:你知道什么结论?

生:三角形的中位线平行于第三边并等于第三边的一半.

老师没想到会出这么一个"程咬金",脸冷了下来,问道:"你怎么知道的?"

生:我昨天预习了,书上是这么说的.

师:就你聪明!坐下!

后面的教学是在沉闷的气氛中进行的,学生操作完成后也没人敢举手发言了……

问题:

(1)结合上面这位教师的教学过程,简要做出评析.

(2)结合你的教学经历,应如何处理好课堂上的意外情况.

2. 案例二

某教师在对基本初等函数进行教学时,给学生出了如下一道练习题:

方程 $\log_2(9^{x-1}-5)-\log_2(3^{x-1}-2)-2=0$ 的解集为_____.

某学生的解答过程如下:

$$\log_2(9^{x-1}-5)-\log_2(3^{x-1}-2)-2=0$$

$$\Leftrightarrow \log_2(9^{x-1}-5)-\log_2(3^{x-1}-2)-\log_2 4=0$$

$$\Leftrightarrow \log_2(9^{x-1}-5)-\log_2 4(3^{x-1}-2)=0$$

$$\Leftrightarrow 9^{x-1}-5=4(3^{x-1}-2)$$

$$\Leftrightarrow (3^{x-1}-1)(3^{x-1}-3)=0$$

$$\Leftrightarrow 3^{x-1}-1=0 \text{ 或 } 3^{x-1}-3=0$$

所以 $x=1$ 或 $x=2$，原方程的解集为 $\{1, 2\}$.

问题：

（1）指出该生解题过程中的错误，分析其错误的原因.

（2）给出你的正确解答过程.

（3）指出你在解题时运用了哪些数学思想方法.

第 8 章　数学教育教学设计答题技巧

本章归纳和整理 2014—2019 年"数学学科知识与教学能力"考试真题中教育教学能力部分的教学设计题,对每一个问题给出答题要求或建议,以及详细解答,并在本章的末尾给出教学设计题的答题(复习)建议,为考生备考提供帮助.

一、2014(上半年·高级中学)

17. 教学设计题.(本大题 30 分)

向量是近代数学中重要和基本的数学概念之一,图 8.1 是高中必修课程数学 4 "平面向量"第一章第一节"平面向量的实际背景及基本概念"的部分教材内容.

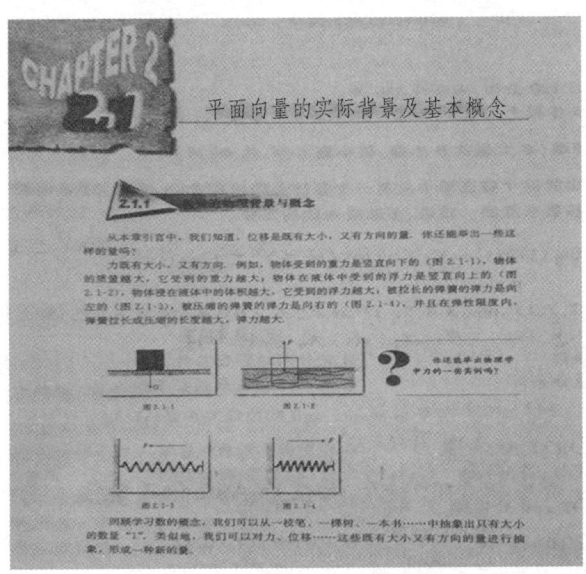

图 8.1

阅读教材，回答下列问题：

（1）谈谈"向量"在高中数学课程中的作用.（6分）

（2）分析上面教材的设计思路.（6分）

（3）确定"平面向量概念"的教学目标和教学重难点.（8分）

（4）根据教材，设计一个引入"平面向量概念"的教学片段，要求：引导学生经历从实际背景抽象概念的过程.（10分）

答题要求或建议：本题要求考生熟悉"向量"的有关知识，理解"向量"在高中数学课程中的作用，理解教材的设计思路，能给出"平面向量概念"的教学目标和重难点，并能根据要求设计引入"平面向量概念"的教学片段. 回答数学教学设计题时要注意结合教材内容、相关知识点以及学生的学情，在确定教学目标时一般围绕三维目标来进行设计，熟悉高中数学核心素养的考生，也可以尝试列出该知识点教学时要关注的数学核心素养.

详细解答：

（1）向量是沟通代数与几何的桥梁，为研究几何问题提供了新的工具和方法. 向量集数、形于一身，有着极其丰富的现实背景. 在高中数学课程中，向量为解析几何、立体几何的研究提供了新的工具和方法，同时向量对于更新和完善中学数学的知识结构起着重要的作用.

（2）教材按照从抽象到具体的认知过程，通过实际模型（这里是物理模型），形成概念，使学生在具体模型的基础上获得对向量概念的直观感知，并上升到对向量概念及现实背景的理解.

（3）教学目标.

① 知识与技能：通过实例分析，形成平面向量的概念，了解向量产生的现实背景，理解平面向量的几何表示，理解向量相等与共线的含义.

② 过程与方法：引导发现与讨论相结合，经历从具体到抽象的研究过程，感悟联系、类比的研究方法.

③ 情感、态度与价值观：通过向量与数量的比较，培养认识客观事物的数学本质的能力；通过从具体实例中抽象出向量概念的方法，体会数学来源于生活的观点，激发数学学习兴趣，形成正确的数学观.

（4）教学片段.

师：同学们，老师问大家一个问题，在物理中，力有什么特点？

生：既有大小，又有方向.

师：在物理中，除了力以外，我们学习过的既有大小又有方向的量还有哪些？

生：位移、加速度……

师：很好. 那么，请问位移和路程是一回事吗？

生：不是，路程只有大小，没有方向.

师：在物理中，我们把这些既有大小又有方向的量叫作矢量. 在数学中，我们把这种既有大小又有方向的量叫作向量，把那些只有大小没有方向的量叫作标量.

二、2014（下半年·高级中学）

17. 教学设计题.（本大题30分）

教学目标设计是教学设计的核心环节. 某教师关于《数列的概念与简单表示法（一）》设计的三维教学目标如下：

知识与技能：了解数列的定义，理解数列的分类，掌握数列的表示方法——通项公式.

过程与方法：培养学生观察、发现、探索事物内在规律的能力和逻辑推导能力，增强学生的应用意识，培养学生创造性思考的品质和勇于创新的个性意志，体验和感受数学美.

情感态度和价值观：激发学习兴趣，渗透辩证唯物主义观点.

请完成下列任务：

（1）上述三维教学目标的行为主体相同吗？存在什么问题？简要回答.（6分）

（2）"过程与方法""情感态度和价值观"是否具有可操作性？存在什么问题？简要回答.（6分）

（3）关于《数列的概念与简单表示法（一）》给出你的教学目标设计.（8分）

（4）结合《数列的概念与简单表示法（一）》说明设计教学目标时需要注意的事项.（10分）

答题要求或建议：本题要求考生熟悉"数列"的概念及有关知识，要求对题目中已经给出的三维目标做出评价，并给出理由；然后结合自己的思考给出本节课的教学目标设计，同时说明设计教学目标的注意事项.

详细解答：

（1）上述三维教学目标的行为主体不相同. 知识与技能目标的行为主体是学生，而过程与方法、情感态度与价值观目标的行为主体是教师. 存在的问题是三维目标的行为主体不一致. 一般来说，在设计教学目标时，教学目标的行为主体应该统一，而不是其中一条目标以教师的角度来描述——"使学生……"，另一条又是以学生角度来描述——"经历……的过程". 通常情况下，以学生为主体比较恰当，能够充分体现学生的主体地位.

（2）本题中的"过程与方法"和"情感态度和价值观"目标不具有可操作性. 其问题是这两个目标设计得过高过大，无法在一节课中具体实现，所以不具有可操作性. 教学目标的设计要建立在对教学内容、学生数学学习规律准确把握的基础上，要具体实在而不是虚浮空洞，要具体可操作可实现.

（3）知识与技能：理解数列及有关概念，理解数列的几种简单表示法（列表法、图像法、通项公式法）；了解数列是特殊的函数，了解数列的通项公式，对于比较简单的数列，会根据其前几项的特征写出它的一个通项公式，体会数列中项与序号之间的变量关系.

过程与方法：通过自然界及生活中的一些实例抽象出数列的概念；能根据数列中前几项的规律，抽象、归纳出数列的通项公式；了解数列与函数的关系.

情感态度与价值观：了解数列源于我们的生活，通过研究数列可以揭示生活以及自然中的一些规律；感受数列是刻画自然规律的数学模型，把生活实际与数学有机地联系在一起，体会数学就在我们身边.

（4）设计教学目标要注意的事项有① 反映数学的学科特点，反映当前学习内容的本质. 如本节课的教学目标是数列及其概念，本质是特殊的函数；② 要有计划性，可评价性，要有本节课的大致内容及学习顺序，学生学习后应有什么样的变化，如会根据数列的前几项特征写出它的一个通项公式等；③ 格式要规范，用词要准确，要从知识和技能、数学思考、解决问题、情感态度价值观等方面来阐述，表述对象要统一，在用词上要慎重，既要有刻画知识技能的目标动词"了解、理解、掌握、灵活运用"，又要有刻画数学活动的过程性动词"经历（感受）、体验（体会）和探索"等；④ 要全面，不能"重知识轻思考""重知识轻情感"，也就是说我们不仅要关注学生知识的获得，还有关注学生情感的变化；⑤ 注意教学目标的层次性，要从记忆、理解和探究三个层次来制定目标；⑥ 教学目标要实在具体、不浮华，要防止教学目标"高大全"甚至是"假大空"，目标过于"远大、空洞"，没有可操作性，也无法评价目标是否能够达成，这样的目标形同虚设．

三、2015（上半年·高级中学）

17. 教学设计题．（本大题30分）

"两角差的余弦公式"是高中数学必修4中的内容．"经历用向量的数量积推出两角差的余弦公式的过程，进一步体会向量的作用"，请完成"两角差的余弦公式推导过程"教学设计中的下列任务：

（1）分析学生已有的知识基础；

（2）确定学生学习的难点；

（3）写出推导过程．

答题要求或建议：本题要求考生熟悉"两角差的余弦公式"及有关知识，要求分析学生的学情，确定学习的难点，并"用向量的数量积推出两角差的余弦公式"．此题对知识的要求较高，如考生不熟悉如何"用向量的数量积推出两角差的余弦公式"，很难完成作答．

详细解答：

（1）学生已经学习了任意角三角函数的定义、图像和性质，诱导公式以及平面向量的有关知识，学会了向量的坐标运算，学会了平面向量数量积的坐标表示、向量的模和向量间的夹角，能利用向量求两个向量之间的夹角．

（2）两角差的余弦公式的推导过程是本课的难点，引导学生通过主动参与、独立探索，自主得出结果更难．凭直觉得出 $\cos(\alpha-\beta)=\cos\alpha-\cos\beta$ 是学生经常犯的错误．学生利用学过的三角函数知识探索有关三角函数的问题是很自然的，鉴于学生独立地运用单位圆上的三角函数线进行探索存在一定的困难，教材编写者把这一探索过程写进了教材，由于推导过程比较复杂，教材给了利用向量推导两角差的余弦公式．由于前一章学生刚刚学习了向量，学生应该可以理解用向量推导该公式的过程．如果学生对向量的知识掌握不牢固、运用不灵活，则理解该公式的推导存在困难．

（3）如图 8.2，在平面直角坐标系 xOy 内作单位圆 O，以 Ox 为始边作角 α、β，它们的终边与单位圆 O 的交点分别为 A、B，则 $\overrightarrow{OA}=(\cos\alpha,\sin\alpha)$，$\overrightarrow{OB}=(\cos\beta,\sin\beta)$．

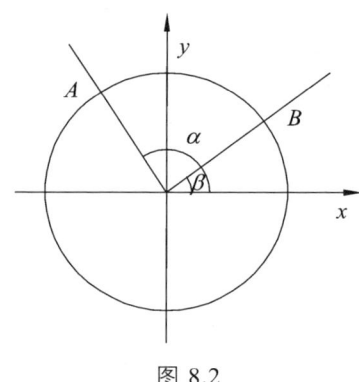

图 8.2

由向量数量积的坐标表示，有

$$\overrightarrow{OA}\cdot\overrightarrow{OB}=(\cos\alpha,\sin\alpha)\cdot(\cos\beta,\sin\beta)=\cos\alpha\cos\beta+\sin\alpha\sin\beta.$$

① 如果 $\alpha-\beta\in[0,\pi]$，那么向量 $\overrightarrow{OA}$ 与 $\overrightarrow{OB}$ 的夹角就是 $\alpha-\beta$．
由向量数量积的定义，有

$$\overrightarrow{OA}\cdot\overrightarrow{OB}=|\overrightarrow{OA}|\cdot|\overrightarrow{OB}|\cdot\cos(\alpha-\beta)=\cos(\alpha-\beta),$$

于是有

$$\cos(\alpha-\beta)=\cos\alpha\cos\beta+\sin\alpha\sin\beta.$$

② 当 $\alpha-\beta\notin[0,\pi]$ 时，设 $\overrightarrow{OA}$ 与 $\overrightarrow{OB}$ 的夹角为 θ，则

$$\vec{OA} \cdot \vec{OB} = |\vec{OA}| \cdot |\vec{OB}| \cdot \cos\theta = \cos\theta.$$

另一方面，由图 8-2 可知

$$\alpha - \beta = 2k\pi + \theta, \quad k \in Z,$$

所以

$$\cos(\alpha - \beta) = \cos\theta, \text{也有} \cos(\alpha-\beta) = \cos\alpha\cos\beta + \sin\alpha\sin\beta.$$

所以对于任意角 α、β，都有 $\cos(\alpha-\beta) = \cos\alpha\cos\beta + \sin\alpha\sin\beta$.

四、2015（下半年·高级中学）

17. 教学设计题.（本大题 30 分）

"基本不等式"是高中数学教学中的重要内容，请完成下列任务：

（1）在"基本不等式"起始课的"教学重点"设计中，有两种方案：

① 强调基本不等式在求数值中的应用，将基本不等式的应用作为重点.

② 强调基本不等式的背景、过程与意义，将学生感受和体验"基本不等式"中"基本"的意义作为教学重点.

你赞同哪种方案？简述理由.（10 分）

（2）给出 $a^2 + b^2 \geq 2ab$ 以及 $\dfrac{a+b}{2} \geq \sqrt{ab}$ $(a \geq 0, b \geq 0)$ 的几何解释.（10 分）

（3）为了让高中生充分认识"基本不等式"中"基本"的意义，作为教师应该对此有多个维度的解释，请至少从两个维度谈谈你对"基本"意义的认识.（10 分）

答题要求或建议：本题要求考生熟悉"基本不等式"及其几何意义，理解本节课的教学重点，并至少从两个维度去理解"基本不等式"中"基本"的含义. 此题对知识的要求较高，如考生不熟悉如何"基本不等式"的几何意义及"基本"的含义，很难完成此题的作答.

详细解答：

（1）我更赞同第二种方案，理由如下：

① 本节课定位为"基本不等式"的起始课，它是在学生已经系统地学习了不等式的关系，掌握了不等式性质的基础上进行的教学. 学生对于"基

本不等式"还处于初步感知阶段,不能立刻就理解如何实现基本不等式在求解最大(小)值当中的应用. 因此,在"基本不等式"起始课中,应当先让学生结合基本不等式的背景和意义进行自主探索,了解基本不等式的证明过程,从多角度理解其意义,加深印象后再学习"基本不等式"的应用更好.

② 高中数学课程标准是指导教师进行课程安排、课程设计的标尺,高中阶段的要求也是依据新课程标准来制定的. 从新课程标准的要求出发,高中数学课程标准中明确说明,在学习基本不等式的开始阶段,应将探索并了解基本不等式的证明过程放在重点位置.

③ 从教材编写看,在基本不等式这节的一开始,是以北京召开的第 24 届国际数学家大会的会标(见图 8.3)为知识背景,向学生提问"你能在这个图中找到一些相等关系或不等关系吗?"利用面积之间的数量关系,抽象出不等式 $a^2+b^2 \geqslant 2ab$,并在此基础上,从不同角度引导学生认识、证明不等式 $a_1+a_2+a_3+\cdots+a_n \geqslant n\sqrt[n]{a_1 a_2 \cdots a_n}$ (a_1、a_2、$\cdots$、$a_n \geqslant 0$),在之后的例题中,才提及"基本不等式"是解决实际问题当中的最大(小)值问题的有力工具.

图 8.3

因此,从这三点来看,基本不等式的起始课的教学重点应该采用第二种方案,即强调基本不等式的背景、过程及意义,将学生感受和体验"基本不等式"中"基本"的意义作为教学的重点.

（2）$a^2+b^2 \geq 2ab$ 的几何解释是：如图 8.4 所示，设直角三角形的直角边分别为 a、b，根据勾股定理可知大正方形的面积等于 a^2+b^2，由图易知大正方形的面积大于 4 个直角三角形的面积之和(即为 $2ab$)，当且仅当 $a=b$（即直角三角形为等腰直角三角形）时等号成立.

$\frac{a+b}{2} \geq \sqrt{ab}$ $(a \geq 0, b \geq 0)$ 的几何解释如下：如图 8.4 所示，以 $a+b$ 为直径的半圆，在直径 AB 任取一点 C，过 C 作直径 AB 的垂线与半圆交于 D 点，由射影定理可得 $CD = \sqrt{ab}$，由图显然可得 $CD \leq OD$，即一个圆的半径不小于垂直该直径的弦的一半（或在圆的弦中直径最长），即得 $\frac{a+b}{2} \geq \sqrt{ab}, (a \geq 0, b \geq 0)$.

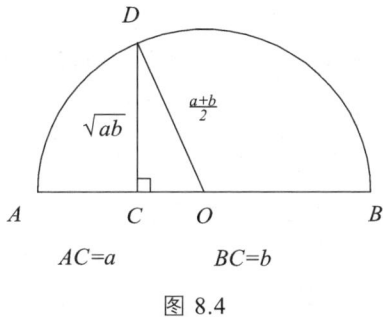

图 8.4

（3）我们可以在掌握基本不等式最简单形式 $\frac{a+b}{2} \geq \sqrt{ab}$ $(a \geq 0, b \geq 0)$ 的基础上，先推广到三维的情形，再推广到多维的情形，让学生理解"基本不等式"中"基本"的意义.

三维的情形：对于 3 个非负数 a、b、c，那么有 $\frac{a+b+c}{3} \geq \sqrt[3]{abc}$，当且仅当 $a=b=c$ 时等号成立.

类似的，多维的情形则是 $a_1+a_2+a_3+\cdots+a_n \geq n\sqrt[n]{a_1 a_2 \cdots a_n}$ （a_1、a_2、$\cdots$、$a_n \geq 0$），当且仅当 $a_1=a_2=a_3=\cdots=a_n$ 时等号成立.

五、2016（上半年·高级中学）

17. 教学设计题.（本大题30分）

《普通高中数学课程标准（实验）》关于"古典概型"的教学要求是"古典概型的教学应让学生通过实例理解古典概型的特征：实验结果的有限性和每一个实验结果出现的等可能性，让学生初步学会把一些实际问题化为古典概型，教学中不要把重点放在'如何计算'上".

请完成下列任务：

（1）结合上述教学要求，请设计高中"古典概型"起始课的教学目标.（6分）

（2）请设计两个符合古典概型的正例，以及两个不符合古典概型的反例，以便理解古典概型的特征.（12分）

（3）抛掷一枚质地均匀的骰子（6个面分别有1、2、3、4、5、6个点），请用两种不同解法求出现偶数点的概率，并说明采用两种解法对帮助学生理解古典概型的作用.（12分）

答题要求或建议：本题要求考生熟悉高中数学课程标准中关于"古典概型"的表述，并根据高中数学课程标准的要求设计"古典概型"起始课的教学目标，设计符合"古典概型"的正例和反例（要能帮助学生辨别本质属性和非本质属性），并能用两种不同的方法求出抛掷骰子时偶数点出现的概率. 考生必须理解"古典概型"的本质和条件，答题时要注意列举合适的例子，以便说明问题.

详细解答：

（1）结合题中所述的教学要求，将"古典概型"起始课的教学目标设计如下：

知识与技能：学生能依据古典概型定义和特征判断一个事件是否属于古典概型，能够利用概率公式求解一些简单的古典概型问题.

过程与方法：学会观察、试验、记录等研究方法，通过从实际问题中抽象出数学模型的过程，提升从具体到抽象、从特殊到一般的分析问题、解决问题的能力.

情感态度与价值观：在体会概率意义、数学严密性的同时，通过合作学习、沟通交流，感受与他人合作的重要性以及初步形成实事求是的科学态度.

（2）符合古典概型的两个正例为：① 抛掷两枚硬币，观察两枚硬币正反面朝上的情况可能出现的结果；② 将编号为 1、2、3 的 3 个黄色乒乓球和编号为 4、5 的 2 个红色乒乓球放在黑箱子里，随机摸出 1 个球.（这样的例子比比皆是，要注意的是必须满足试验所包含的单位事件是有限的，且每个单位事件发生是等可能性的——即每种结果出现的可能性要相等）

不符合古典概型的两个反例为：① 射击运动员朝靶心射箭，虽然这一试验的结果只有有限个，分别为命中 10 环、9 环……1 环和 0 环（脱靶），但是不满足等可能性；② 在一个圆面上随机取一点，虽然这一点落在圆内的任何位置都是等可能性的，但是其结果有无限多种可能性.

（3）设抛掷一枚质地均匀的骰子，出现偶数点为事件 A.

根据古典概型的计算公式：

$$P(A) = \frac{A包含的基本事件个数}{基本事件总数}$$

第一种解法：基本事件为出现点数 1、2、3、4、5、6，共 6 种，而 A 包含的基本事件为出现点数 2、4、6，所以 $P(A) = \frac{3}{6} = \frac{1}{2}$；

第二种解法：对于投掷骰子实验，由于出现奇数点和偶数点的概率相等，即 $P(奇数点) = P(偶数点)$，又由概率的加法公式有

$$P(奇数点) + P(偶数点) = P(必然事件) = 1，$$

所以 $P(A) = P(偶数点) = \frac{1}{2}$.

采用两种解法计算，对于帮助学生理解古典概型的作用在于：既能帮助学生理解古典概型的特点——试验中每个基本事件出现的概率是等可能性的；还能激发学生从不同的角度、采用不同的方法探究知识、解决问题. 此外，采用不同的方法解决同一问题，既可以激发学生多角度的思考问题，还能起到检验答案的效果.

六、2016（下半年·高级中学）

17. 教学设计题.（本大题30分）

"对数的概念"是高中数学教材中的重要概念. 教师在教学中，应基于课程标准和学生学情，确定教学目标，实现教学重点，突破教学难点，设计教学方法、教学过程、师生活动和教学评价等.

请完成下列任务：

（1）设计"对数的概念"的教学目标.（9分）

（2）写出"对数的概念"的教学重点和难点.（6分）

（3）设计"对数的概念"的引入过程（要求能够让学生认识到引入对数概念的必要性）.（15分）

答题要求或建议：本题要求考生熟悉"对数的概念"的主要内容，能确定教学目标，能理清重难点，能设计"对数的概念"的引入过程. 答题时要求考生结合高中数学课程标准的有关要求和"对数的概念"一课的具体内容，根据三维目标体系设计教学目标，确定教学重难点，并能用恰当的例子设计"对数的概念"的引入过程.

详细解答：

（1）知识与技能：理解对数的概念和意义，能说出对数与指数的关系，掌握对数式与指数式的互相转化.

过程与方法：通过事例认识对数的模型，体会引入对数的必要性；通过观察分析得出对数的概念及对数式与指数式的互化，增强类比、分析、归纳的能力.

情感态度与价值观：在学习对数概念的过程中，培养探究意识；理解指数与对数之间的内在联系，增强分析问题、解决问题的能力.

（2）教学重点：对数的概念；对数式与指数式的相互转化.

教学难点：对数概念的理解.

（3）"对数的概念"的引入过程设计：

这里用细胞分裂（也可以考虑用 C-14 的测定等）创设引入情境：教师用多媒体展示细胞分裂的动画视频——某细胞分裂时，由 1 个分裂成 2 个，2 个分裂成 4 个……分裂 x 次以后，得到的细胞个数 y 与分裂次数 x 的函

数关系式可表示为 $y = 2^x$.

问：① 细胞经过多少次分裂后，细胞的个数为 256 个；② 如果已知从 1 个细胞开始，分裂后得到的细胞个数为 N，如何求分裂了多少次呢？

（在引导学生理解这两个问题并做出回答的基础上）教师总结归纳学生的回答，引入与指数函数有着密切关系的函数模型——对数函数.

七、2017（上半年·高级中学）

17. 教学设计题.（本大题 30 分）

单调性是函数的基本性质之一. 针对高中函数单调性中"增（减）函数"概念的教学，请完成下面的任务：

（1）给出"增（减）函数"概念形成过程中教学的重、难点.（8 分）

（2）说明"增（减）函数"定义的要点.（10 分）

（3）根据（2）中"增（减）函数"定义的要点，请写出教学设计思路.（12 分）

答题要求或建议：本题要求考生熟悉"函数单调性"的概念能理清"增（减）函数"概念形成过程中教学的重、难点，能理解"增（减）函数"定义的本质和要点，并写出教学设计思路. 答题时要求考生能结合实际例子设计教学思路.

详细解答：

（1）教学重点：理解函数单调性的概念.

教学难点：从具体例子中归纳函数单调性的概念.

（2）高中函数单调性概念教学中，增减性的研究是对初中相关内容的进一步深化和提高，具体给出了函数在某个区间是增函数或减函数的定义，其定义的要点如下：

① 函数的单调性是相对于某个区间来说的（参见本题答案后的注释）；

② 在增减函数定义的形成过程中，要注重从特殊到一般的过渡，也就是对定义中"任意"二字的理解.

（3）教学设计思路如下：

活动一：展示学生熟悉的一次函数 $y = x$ 和二次函数 $y = x^2$，绘出函数图像，让学生从图像上（从左到右）获得"上升""下降"的整体认识．

提问1：它们的图像有什么规律？随着x的变化，函数值的变化有哪些规律？

活动二：针对二次函数$y = x^2$，给出表8.1.

表8.1

x	…	−4	−3	−2	−1	0	1	2	3	4	…
$y = x^2$	…	16	9	4	1	0	1	4	9	16	…

要求学生结合表8.1，用自然语言描述图像的"上升""下降"．

活动三：要求尝试运用数学符号将自然语言的描述上升到形式化的定义．

提问2：在区间$[0,+\infty)$上任意给定两个数值，计算它们对应的函数值并进行比较，可以验证上述自然语言的"上升"；如果不能保证"任意性"，可否给出一般性的结论？

学生分析回答，教师总结归纳得出函数单调性的一般概念．

活动四：利用多媒体展示$y = x^2$的函数图像，并演示在区间$[0,+\infty)$上任取点P在函数图像上"按横坐标x增大"的方向移动时，点P的纵坐标的变化规律．

提问3：增函数定义中，当$x_1 < x_2$时，都有$f(x_1) < f(x_2)$；当$x_1 > x_2$时，都有$f(x_1) > f(x_2)$，可以吗？

进一步要求学生类比增函数的定义，给出减函数的定义及其几何意义．

提问4：思考在区间$(-\infty,0]$和$[0,+\infty)$的公共端点0处，函数是增函数还是减函数？

学生分析归纳，教师总结：函数的单调性是对定义域内某个区间而言的，对于单独的一点，由于其函数值是某一确定的数，因此函数在一点处没有增减变化，所以函数在一点处不存在单调性的问题．

教师补充知识点：有些函数在整个定义域内一直是单调增（或单调减）函数；而有些函数在定义域内的某个区间上是增函数，而在另一些区间上是减函数；甚至有些函数没有单调区间．

提问5：再列举几个函数的例子，并讨论它们的单调性．

学生举例，教师总结．

注：

函数单调性的定义中，有 4 个字很关键，那就是——某个区间：

首先，"某个"二字，说明了函数的单调性是函数的局部性质，而非整体特性；其次，"区间"二字，说明函数的单调性是一种连续变化趋势，因为"区间"是连续的，区间 $[a,b]$ 是指从 a 到 b 的全体实数，是连续不断的．因此，我们可以根据"某个区间"这 4 个字，得出函数的单调性的本质，即描述函数在局部范围内的连续变化趋势．

这也解释了为什么我们讨论时，如果函数在 a 与 b 处都有定义，对于单调性区间 $[a,b]$、$(a,b]$、$[a,b)$、(a,b)，并不严格地加以区分，因为我们讨论单调性关注的是函数在局部范围内的连续变化趋势，而不研究函数在一个点上的"变化"，实际上函数在一个点上是"没有变化"的，这是显而易见的．

因此，我们也可以很好地理解如下情况：虽然函数 $y=\dfrac{1}{x}$ 在 $(-\infty,0)$ 上单调递减，在 $(0,+\infty)$ 也单调递减，但我们却不能说函数 $y=\dfrac{1}{x}$ 是定义域内的减函数．因为在 $x=0$ 处函数 $y=\dfrac{1}{x}$ 是没有定义的．事实上我们知道，$x=0$ 是它的一个间断点，函数 $y=\dfrac{1}{x}$ 在这一点是不连续的．换句话说，如果一个函数在几个不同的区间上具有相同的单调性（同为单调增或单调减），但是我们不能说该函数在这几个区间的并集上仍具有这样的单调性，这恰恰是中学生最容易犯的错误之一．

至于函数的奇偶性，有了上述的分析，大家应该很容易接受"函数的奇偶性是函数的整体性质"这一观点了．在函数的奇偶性这一部分，要特别强调两个问题：

（1）研究函数奇偶性的前提．如果要判断一个函数是否是奇（偶）函数，首先要考虑函数的定义域．对于定义域 D 内的任意 x，都有 $f(-x)\cdots\cdots$ 换句话说，只要 $x\in D$，就有 $-x\in D$［否则 $f(-x)$ 就无意义了］，也就是说函数的定义域要关于原点对称．如果函数的定义域不关于原点对称，那就直接判定为非奇非偶函数．

（2）我们再来说说既是奇函数又是偶函数的函数．有些老师根据奇函数、偶函数的定义，直接得出 $f(x)=0$，然后就说既是奇函数又是偶函数的函数只有一个. 真的只有一个吗？函数的三要素——定义域、对应法则和值域，只要有其中一个要素不一样，两个函数就不相同. 因此，准确的说法是，既是奇函数又是偶函数的函数有无穷多个，只不过这样的函数的对应法则都是 $f(x)=0$，值域都是集合 $\{0\}$，但是定义域可以复杂多样，只要定义域关于原点对称就好了，比如，定义域可以是 $(-1,1)$，$(-2,-1)\cup(1,2)$，$(-5,-3)\cup(-2,-1)\cup(1,2)\cup(3,5)$，等.

最后再强调一下：函数的单调性是函数的局部性质，函数的奇偶性、有界性、周期性等是函数的整体性质，这是老师们在教学中要特别注意的问题.

八、2017（下半年·高级中学）

17. 教学设计题.（本大题 30 分）

某位教师设计了高中数学必修内容"分层抽样"的教学目标：

① 通过实例，了解分层抽样的特点、适用范围及分层抽样的必要性，掌握分层抽样的操作步骤；

② 体会分层抽样、简单随机抽样以及系统抽样的区别与联系，提升整体把握知识的能力.

基于上述内容，完成下列任务：

（1）基于教学目标①设计一个实例，总结分层抽样的步骤，并说明设计意图.（21 分）

（2）基于教学目标②，简要说明简单随机抽样、系统抽样以及分层抽样各自的特点及适用范围.（9 分）

答题要求或建议：本题要求考生熟悉"分层抽样"的有关知识，并举出实例引导学生总结分层抽样的操作步骤，同时简要说明简单随机抽样、系统抽样以及分层抽样各自特点及适用范围. 该题对考生的知识要求较高，如果考生不熟悉"分层抽样"的有关知识，无法作答此题.

详细解答：

（1）实例：假设某大学有本科生 12 000 人，硕士研究生 6 000 人，博士研究生 2 000 人. 该高校为了了解本学校学生的学习情况,要从本校学生中抽取 5% 的学生进行调查. 分层抽样的实施步骤如下:

① 根据已经掌握的信息,将总体分成互不相交的层(这里可以直接依据本科生、硕士研究生、博士研究生将学校学生分为三层);

② 根据总体中的个数 N(这里是 20 000)和抽样比(这里是 5%)计算样本容量 n,应用公式 $k = \dfrac{n}{N}$ 进行计算;

③ 确定第 i 层应该抽取的个体数目 $n_i = N_i \times k$(N_i 为第 i 层所包含的个体数),使得各 n_i 之和等于 n;

④ 在各层中,按步骤③中所确定的数目在各层中随机抽取个体,合在一起得到容量为 n 的样本.

设计意图:通过实例探究,引导学生体会:① 不同的学历阶段,学生学习的情况是不一样的,学习的自觉性、效率、学习中遇到的主要困难以及影响学习的因素是不一样的,简单的随机抽样不具有代表性,所以调查者应利用事先掌握好的各种信息对总体进行分层,这样可以保证每一层一定有个体被抽到,从而使样本更具有代表性;② 由于抽样比不变,通过对本科生、硕士研究生、博士研究生抽样个数的探究,体会含有个体多的层,在样本中的代表也应该多,即样本从该层中抽取的个数也应该多,这样抽取的样本才更具有代表性.

在整个探究过程中,根据学生已有的简单随机抽样和系统抽样知识基础,提升学生对分层抽样的理解,感受分层抽样的必要性以及它的特点;通过实例以及问题的引导,提高学生对分层抽样步骤的理解,提升对分层抽样适用范围的理解.

(2)三种抽样各自的特点及适用范围.

① 简单随机抽样:优点——操作简单易行. 缺点——当总体个数较多时,不快捷、不经济,有时候甚至是难以实现. 适用范围——适合总体个数较少的情况.

② 系统抽样:优点——简单易行,当对总体结构有了一定的了解时,充分利用已有信息对总体中的个体进行排队后再抽样,可提高效率;当总

体中的个体存在一种自然编号（如生产线上产品的质量监控）时，便于实行系统抽样法．缺点——在不了解样本总体的情况下，所抽出的样本可能有一定的偏差．适用范围——总体个数较多时，一般情况下总体中的个体应编号或排队．

分层抽样：优点——根据总体几个部分的明显差异，按照比例进行抽取样本，样本的代表性高．缺点——总体的几个部分差异不明显时，不适合使用分层抽样，需要和简单随机抽样或系统抽样方法结合使用．适用范围——总体个数较多，且总体是由差异明显的几个部分组成时，往往选用分层抽样的方法．

九、2018（上半年·高级中学）

17．教学设计题．（本大题30分）

针对"二项式定理"的教学，教师制定了如下的教学目标：① 掌握二项式定理，能用计数原理推导二项式定理；② 经历发现二项式定理的过程．

依据这教学目标，请完成下列任务：

（1）设计一个发现二项式定理教学的引入片段，并说明设计意图．（15分）

（2）给出引导学生运用计数原理推导二项式定理的基本步骤．（15分）

答题要求或建议：本题要求考生熟悉"二项式定理"的有关知识，能根据题目所给的教学目标设计一个发现二项式定理教学的引入片段，并说明设计意图；同时能给出引导学生运用计数原理推导二项式定理的基本步骤．该题对考生的知识要求较高，如果考生不熟悉"二项式定理"的有关知识，不熟悉如何用计数原理推导"二项式定理"，将无法作答．

详细解答：

（1）引入片段．

问题1：今天是星期二，那么请问15天以后是星期几？30天后是星期几？进一步追问——8^{100}天以后又是星期几呢？

问题2：因为一星期有7天，我们要考虑$8^{100}=(7+1)^{100}$的展开结果．为了研究这个问题，我们先来看一看以下的式子，它们的展开式是什么？展开以后有多少项？

$(a+b)^1 = $ _____；

$(a+b)^2 = $ _____；

$(a+b)^3 = $ _____．

根据以前我们所学过的知识，有

$(a+b)^1 = a+b$；$(a+b)^2 = a^2+2ab+b^2$；

$(a+b)^3 = a^3+3a^2b+3ab^2+b^3$．

问题3：请大家思考一下，上面的式子，可否改写成与组合数有关的式子呢？通过上面的计算，大家应该已经发现了一些规律，那么$(a+b)^n$是否也有这样的规律呢？你能准确写出这些项吗？

设计意图：首先创设情境，通过"8^{100}天以后又是星期几"的问题，引发认知冲突，激发学生的学习兴趣以及求知欲，有利于后续课堂的推进；另外，在引导的过程中，先从学生熟悉的简单的式子入手，再一步步深入，符合学生的认知经验，也为其在后续推导$(a+b)^n$的过程中提供一定法方法和依据．

（2）基本步骤．

① 先类比启发学生，若4个袋子中有红球（记为a）和白球（记为b）各一个，每次从4个袋子中各取一个球，有什么样的取法？共有多少种取法？

② 学生通过计算得到$(a+b)^4 = C_4^0 a^4 + C_4^1 a^3 b + C_4^2 a^2 b^2 + C_4^3 ab^3 + C_4^4 b^4$．

③ 请同学们自行根据归纳猜想，并讨论得出$(a+b)^n$的展开式．

④ 结合之前的例子，进一步说明可将$(a+b)^n$看成n个$a+b$相乘，每一次相乘时都有a、b两个选择，结合分步计数原理，可推导出二项式定理的结果．

注：

考生也可以尝试利用"贾宪三角"的有关数学史知识，设计"二项式定理"的教学引入片段,读者可以参考本书第五章的有关内容.

十、2018(下半年·高级中学)

17. 教学设计题.(本大题30分)

通过直观感知、操作确认,归纳出直线与平面垂直的判定定理:一个直线与一个平面内的两条相交直线垂直,则该直线与此平面垂直.

请你完成下列任务:

(1)请你设计一个探索该定理的活动或问题情境,并说明设计意图.(10分)

(2)请你设计一个习题(不必解答),以帮助学生理解该定理,并说明具体的设计意图.(10分)

(3)请你设计一个习题(不必解答),进一步巩固、应用该定理,并说明具体的设计意图.(10分)

答题要求或建议:本题要求考生熟悉"直线与平面垂直的判定定理"的有关知识,能设计一个探索该定理的活动或问题情境,能设计一个习题帮助学生理解该定理,能设计一个习题进一步巩固、应用该定理,同时要求分别说明设计意图.该题对考生的情境创设、提出问题的能力要求较高.

详细解答:

(1)定理探索活动设置:利用多媒体播放一组学生课前收集的图片(旗杆与地面垂直、教学楼与地面垂直等),组织学生观察图片中展示的物体之间的位置关系.

提出问题:旗杆与地面、教学楼与地面的位置关系是什么?(预设:垂直关系)

你能否利用直线与平面根据它们的位置关系画出相应的几何图形?(预设:见图8.5)

探究活动(一):

提出问题:我们如何定义一条直线与一个平面垂直?能否用一条直线垂直于一个平面内的直线,来定义这条直线与这个平面垂直呢?

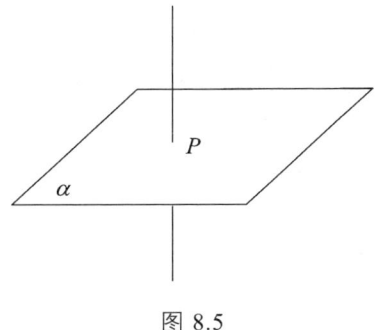

图 8.5

利用多媒体动画演示：旗杆与它在地面上影子的位置关系，重点让学生体会直线与平面内不过垂足的直线也垂直．组织学生在观察动画的过程中思考如下几个问题：

问题 1：阳光下，旗杆与它在地面上的影子所成的角度是多少？

问题 2：随着时间的变化，影子的位置会移动，而旗杆与影子所成的角度是否发生了变化？

问题 3：旗杆 AB 与地面上不过点 B 的任意一条直线的位置关系如何？它们所成的角是多少度？

（全班交流过后）教师引导学生共同总结：直线与平面垂直的定义，如果一条直线垂直于一个平面内的所有直线，那么这条直线就与这个平面垂直．

进一步引导学生思考：那么如何判定一条直线与平面的位置关系是垂直关系呢？

探究活动（二）：

组织学生思考如何将一张长方形纸片立于桌面？

组织学生猜想：你能猜想出判断一条直线与一个平面垂直的方法吗？

（预设：如果一条直线与一个平面内的两条相交直线都垂直，则该直线与此平面垂直）

设计意图：在教学中，充分发挥学生的主观能动性，先安排学生课前收集大量图片，增加感性认识，在课堂上通过学生动手画图、讨论交流和多媒体课件演示，使其经历从现实背景中抽象出几何概念的全过程，从而形成完整和正确的直线与平面垂直的概念，接下来帮助学生从生活中最简单的经验（折纸）入手，引导学生分析，将"与平面内所有直线垂直"逐步转化为"与平面内两条相交直线垂直",并以此为基础进行合情推理,提出猜想,使学生的思维顺畅,为进一步的探究做准备.

(2)如图 8.6 所示,在长方体 $ABCD-A_1B_1C_1D_1$ 中,请列举与平面 $ABCD$ 垂直的直线.并思考这些直线有怎样的位置关系.

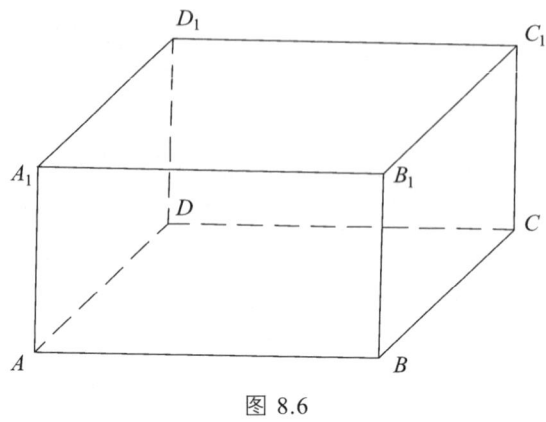

图 8.6

设计意图:利用常见的长方体模型,让学生利用定理的条件,找出与平面 $ABCD$ 垂直的直线,帮助学生理解定理,同时让学生思考"这些直线有怎样的位置关系",为进一步的学习做铺垫.

(3)如图 8.7 所示,在正方体 $ABCD-A_1B_1C_1D_1$ 中,判断直线 AC 是否与平面 CC_1D_1D 垂直,直线 AC 是否与平面 BB_1D_1D 垂直.

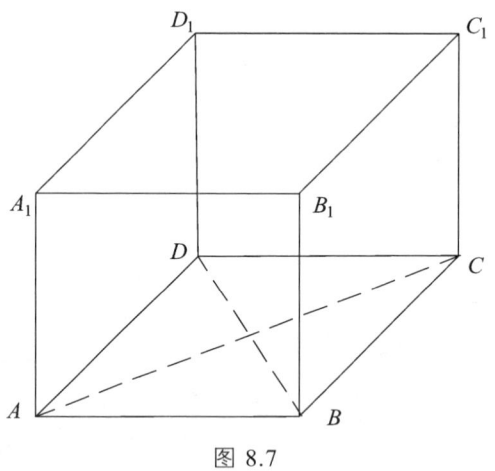

图 8.7

设计意图：利用常见的正方体（特殊的长方体）模型，创设问题情境，组织学生利用已学定理进行判断、证明，进一步巩固、应用该定理，检验学生对定理的掌握情况.

十一、2019（上半年·高级中学）

17. 教学设计题.（本大题 20 分）

"简单随机抽样（第一课时）"的教学目标设计如下：

目标一：学会从现实生活或其他学科中提出具有一定价值的统计问题，理解随机抽样的必要性；

目标二：结合具体的问题情境，体会简单随机抽样的重要性；

目标三：以"问题链"的形式理解样本是否具有代表性.

（1）请针对上述教学目标，完成下列任务：

① 根据教学目标一，设计两个问题，并说明设计意图.（8分）

② 根据教学目标二，给出一个实例，并说明设计意图.（4分）

③ 根据教学目标三，设计"问题链"（至少包含两个问题），并说明设计意图.（6分）

（2）请针对"简单随机抽样"的内容，回答下列问题：

① 这节课的教学重点是什么？（4分）

② 作为高中阶段"统计"学习的起始课，其难点是什么？（4分）

③ 这节课对后续哪些内容的学习有直接影响？（4分）

答题要求或建议：本题要求考生熟悉"简单随机抽样"的有关知识，并能设计问题（问题链）、举出实例引导学生学习，达成题目中所给的教学目标；同时要求考生针对"简单随机抽样"的内容，确定这节课的教学重、难点，分析这节课对后续学习的影响. 该题对考生的提出问题的能力和教材分析的能力要求较高.

详细解答：

（1）① 情境：世界卫生组织的一项研究报告显示，目前我国近视患者达 6 亿，青少年近视率居世界第一，高中生和大学生的近视率均已超过七成并逐年上升，小学生的近视率也接近 40%.

问题(一):如何对现实生活中的类似问题进行研究呢?需要对研究对象进行一一调查吗?

问题(二):假设你是一名产品质量检测员,需要对一批产品进行质量检测,你准备怎样做?需要对所有的产品一一检测吗?如果不是,那么你应该怎样获取样本呢?

设计意图:两个问题的提出让学生对简单随机抽样有一个初步的了解,意识到简单随机抽样与我们的生活息息相关,在实际生活中有着广泛的应用.并将抽样调查与普查进行对比,引导学生理解抽样的必要性.

② 在1936年美国总统选举前,一份颇有名气的杂志做了一次民意测验调,查兰顿和罗斯福中谁将当选下一届总统.为了了解公众意向,调查者根据电话簿和车辆登记簿上的名单发出了调查表(注意在1936年电话和汽车只有少数富人拥有),通过分析回收的调查表,显示兰顿非常受欢迎,于是此杂志预测兰顿将在选举中获胜,但实际选举结果正好相反,最后罗斯福在选举中获胜.

请思考:这次民意调查失败的原因是什么?

设计意图:在现实生活中,很多的调查都是采用简单随机抽样,通过历史上有名的调查案例,让学生体会统计的基本思想是用局部刻画整体,为了减少抽样结果与实际情况之间的误差,在调查中一定要注意抽样方法的科学性,以及简单随机抽样在生活中应用的重要性.

③ 问题(一):1936年美国总统选举前的民意调查失败的原因是什么?

问题(二):应该如何进行抽样调查、获取样本,才可能得出正确的结论呢?

问题(三):上面失败的案例,给了你什么样的启示?我们在调查过程中要注意什么?

设计意图:先从现实中感受抽样调查的必要性,再通过问题(二)引导学生思考抽样调查的方法,最后再总结出正确的调查方法,符合学生的思维,也让学生经历知识的产生过程.

(2)① 教学重点:理解简单随机抽样的必要性和重要性.

② 教学难点:抽签法和随机数法的实施步骤.

③ 本节课是高中阶段学习统计知识的第一节课,统计是研究如何合理

收集、整理、分析数据的科学，它可以为人们制定决策提供依据. 本节课对于后续学习中的"样本估计总体"以及"变量的相关关系"等知识有直接影响.

十二、教学设计答题（复习）建议

教学设计题多根据某一知识点或情境，要求考生设计一个教学片段（常为教学引入环节）、设计教学情境、设计教学目标、确定教学重难点、给出某一数学结论教学的推导过程、分析教学内容在教材中的地位和作用、分析前后知识的联系等居多.

考生答题时要进入角色，把自己当成一名真正的数学老师，同时要注意换位思考，站在学生的角度提问题；考生在设计教学目标时要注意与三维目标、核心素养等相结合；考生在设计教学情境时，要注意与数学文化、数学史、生活中的数学问题等相结合；考生在分析教学内容在教材中的地位和作用、分析前后知识的联系时，要注意宏观把握整个教材体系的内容，注意知识的逻辑顺序和相互联系.

关于教学设计的复习建议，应以多动手、多动笔写教案、写教学设计为主，尤其是要针对初高中数学教材的核心知识点，逐个思考教学目标、重难点，并了解教材中的具体知识情境、熟悉主要结论的推导过程、熟悉教材的知识体系和逻辑.（限于篇幅，本章不给出具体的练习题，请考生自行练习；关于数学教学设计、情境设计的有关研究和案例，请参见本书的附录2、附录3）

第 9 章　面试技巧

第 1 节　面试大纲

一、测试性质

面试是中小学教师资格考试的有机组成部分,属于标准参照性考试. 笔试合格者,参加面试.

二、测试目标

面试主要考察申请教师资格人员应具备的新教师基本素养、职业发展潜质教育教学实践能力,主要包括:

(1) 良好的职业道德、心理素质和思维品质.

(2) 仪表仪态得体,有一定的表达、交流、沟通能力.

(3) 能够恰当地运用教学方法、手段,教学环节规范,能较好地达成教学目标.

三、测试内容与要求

(一) 职业道德 (职业认知)

(1) 热爱教育事业,有较强的从教愿望,正确认识、理解教师的职业特征,遵守教师职业道德规范,能够正确认识、分析和评价教育教学实践中的师德问题.

(2) 关爱学生、尊重学生,公正平等地对待每一位学生,关注每一位学生的成长.

（二）心理素质

（1）积极、开朗，有自信心.

具有积极向上的精神，主动热情工作.

具有坚定顽强的精神，不怕困难.

（2）有较强的情绪调节与自控能力

能够有条不紊地工作，不急不躁.

能够冷静地处理问题，有应变能力.

能公正地看待问题，不偏激，不固执.

（三）仪表仪态

（1）仪表整洁，符合教育职业和场景要求.

（2）举止大方，符合教师礼仪要求.

（3）肢体语言得体，符合教学内容要求.

（四）言语表达

（1）语言清晰，语速适宜，表达准确.

口齿清楚，讲话流利，发音标准，声音洪亮，语速适宜.

讲话中心明确，层次分明，表达完整，有感染力.

（2）善于倾听、交流，有亲和力.

具有较强的口头表达能力，善于倾听别人的意见，并能够较准确地表达自己的观点.

在交流中尊重对方、态度和蔼.

（五）思维品质

（1）能够迅速、准确地理解和分析问题，有较强的综合分析能力.

（2）能够清晰有条理地陈述问题，有较强的逻辑性.

（3）能够比较全面地看待问题，思维灵活，有较好的应变能力.

（4）能够提出具有创新性的解决问题的思路和方法.

（六）教学设计

（1）了解课程的目标和要求，准确把握教学内容.

准确把握所教的教学内容、理解本课（本单元）在教材中的地位以及与其他单元的关系.

（2）根据教学内容和课程标准的要求确定教学目标、教学重点和难点.

（3）教学设计要体现学生的主体性，因材施教，选择合适的教学形式与方法.

（七）教学实施

（1）能够有效地组织学生的学习活动，注重激发学生的学习兴趣，有与学生交流的意识.

（2）能够科学准确地表达和呈现教学内容.

（3）能够适当地运用板书，板书工整、美观、适量.

（4）能够较好地控制教学时间和教学节奏，合理地安排教与学的时间，较好地达成教学目标.

（八）教学评价

（1）在教学实施过程中注重对学生进行评价.

（2）能客观评价自己的教学效果.

面试的测试评分系统如图 9.1 所示.

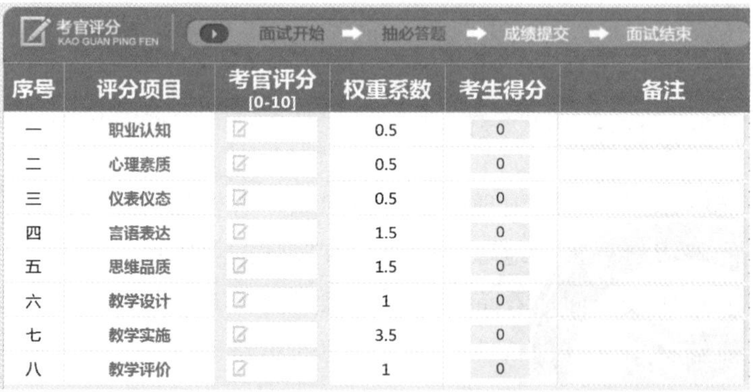
考官评分 KAO GUAN PING FEN　面试开始 ➡ 抽必答题 ➡ 成绩提交 ➡ 面试结束

序号	评分项目	考官评分 [0-10]	权重系数	考生得分	备注
一	职业认知		0.5	0	
二	心理素质		0.5	0	
三	仪表仪态		0.5	0	
四	言语表达		1.5	0	
五	思维品质		1.5	0	
六	教学设计		1	0	
七	教学实施		3.5	0	
八	教学评价		1	0	

图 9.1　面试评分系统

四、测试方法

采取结构化面试和情境模拟相结合的方法，通过抽题备课、试讲、答辩等方式进行.

考生按照有关规定随机抽取备课题目，进行试讲，回答考官提问. 考官根据考生面试过程中的表现，进行综合性评分.

五、试题示例

例：正比例函数试讲教学设计.（人民教育出版社出版数学八年级上册的第十一章一次函数的 11.2 一次函数）.

要求：

（1）配合教学内容适当板书.

（2）教学过程需有提问环节.

（3）教学中应有过程性评价.

（4）当提出一个问题，学生不会回答，或回答错误，你该怎么办？

第 2 节 中学数学教师资格面试基本流程及注意事项

一、教师资格证面试的内容

教师资格证面试的内容分为三部分：结构化面试（5 min）、试讲（10 min）、答辩（5 min）.

1. 结构化面试

结构化面试的问题一般为两题，一般情况下问题不会太难，再回答之前要稍加思考、理清思路.

2. 试　讲

试讲环节要当成是真正在讲课，把考官当作学生.（注意：一定不要在试讲环节"说课"，这里是要"讲课"）

3. 答　辩

试讲结束后，考官一般会向你提问题，一般是两个左右与你讲课内容有关的问题．

二、教师资格证面试的流程

1. 候　考

考生持面试准考证、身份证，按时到达测试地点，进入候考室候考．

2. 抽　题

按考点安排，登录"面试测评软件系统"，计算机从题库中抽取一组试题，考生任选一道试题，系统打印备课纸及试题清单．

3. 备　课

考生持备课纸、试题清单进入备课室，撰写教案（或演示活动方案，对数学教师资格证面试而言就是撰写教案），时间 20 min．

4. 进入面试考室

根据考场安排，由引导员带领进入面试考室；考官确认考生基本信息，宣读面试导语，如图 9.2 所示：

同学，你好！欢迎参加面试．
本次面试共 20 min，程序如下：
先请你回答两个规定问题，然后试讲（展示）．
下面我们随机抽取两个问题，请你认真听清题目思考后回答，共 5 min 左右，注意把握时间．
好，请听题——

图 9.2　面试导语提示

5. 回答问题

考官从题库中随机抽取 2 个规定问题，考生思考后回答，时间 5 min．

6. 试讲演练

考生按照准备的教案（或活动方案）进行试讲（或演示），时间 10 min．

7. 答辩

考官围绕考生试讲或演示的内容和测试项目进行提问，考生答辩（回答），时间 5 min.

三、如何备课

1. 确定教学目标

一般按三维目标（知识与能力目标、过程与方法目标、情感态度与价值观目标）进行设计.

2. 确定教学重难点

要做到重点明确、难点恰当.

3. 设计教学过程

步骤要合理、有序、符合学生的认知特点和心理规律；设计符合实际，能发挥学生的主体作用；根据学生实际，合理选择教学方法；整个教学过程要突出重点突破难点. 教学过程大致如图 9.3 所示：

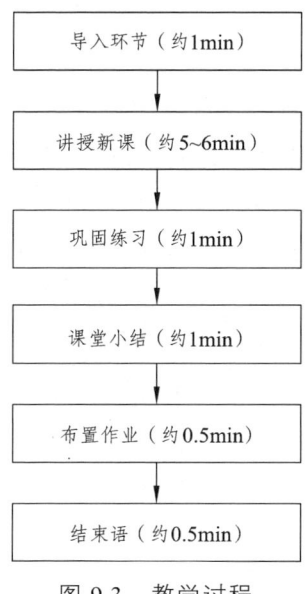

图 9.3 教学过程

四、面试注意事项

1. 进入面试室

（1）先敲门，等考官说请进，再轻轻推门进入.

（2）进门后根据考官要求验证件，听从考官安排.

（3）在台上站定，向考官问好.

（考官开始读面试导语）

2. 结构化面试

（1）注意听清问题，若不清楚，可请考官重读一次.

（2）思考后回答，切忌不假思索、张口就答.

（3）答题要切中要害，不要长篇大论、离题太远，但也不能过于简短.

（4）回答问题要有理有据、言之有物，说普通话，语速适中，不要结巴.

（5）多数问题都需要从正反两方面考虑，不要武断下结论，切忌轻易做出判断、说话绝对、一棍子打死.

3. 试　讲

（1）内容.

开门见山，向考官说清楚自己试讲题目的内容，针对的年级、章节及第几次课（考官也能从系统里面看见你的试讲题目）. 这里特别要强调，有些试讲题目后面注明了第几次课的，如"一元二次方程的根与系数的关系（2）"，这就表明是第 2 次课了，第 1 次课已经学习了一元二次方程的根与系数的关系的结论，第 2 次课主要就是结论的应用，是例题课，如果从头到尾推一遍结论就偏离了所抽试讲题目的主题；另外，还要特别提醒考生要注意知识之间的逻辑顺序，哪些知识已经学过，哪些知识还没有学，如果考生讲初中的"锐角三角函数"就提到"诱导公式""正弦定理"等知识，显然就属于知识结构不清、逻辑混乱了；此外，还要注意看清试讲题目，注意核心数学概念和重要数学结论，不要出现概念不清、结论错误、公式乱用、定理定义混淆等硬伤.

（2）语言.

要使用教师职业用语,普通话尽可能标准,声音洪亮、抑扬顿挫、吐字清晰、语速适中. 试讲过程中,模拟请学生回答问题时,要注意模拟某某同学(模拟名字或学号),不要出现"那位高个子同学""那位穿红衣服戴眼镜的同学"等不恰当的用语;模拟学生回答完毕后要恰当评价,不要只说"好""很好",应简要指出哪里说得好;特别注意数学语言不要错读、误读,如"$\in$"是属于(不能读成"包含于"),等等.

（3）仪态.

首先,最基本的仪表仪态要求就是要符合教师职业身份,建议考生最好学习并练习基本的教师礼仪;其次,从进入面试室开始就应抬头挺胸、平视前方,目光不要飘移,要大胆和考官目光交流,不要紧张,手脚不要发抖等.

（4）板书.

板书是基本功之一,粉笔字要工整,字迹不要太潦草,笔画顺序也不要乱,板书布局要合理,尽量用工具作图(数学教师资格证面试室都备有圆规、直尺、三角板等基本作图工具),不要用手直接擦黑板.

4. 问题答辩

考官一般是围绕考生试讲(或演示)的内容及相关知识进行提问,考生答辩,这主要是考查考生应变能力及综合素质. 考生答辩要语言流利,要围绕考官的问题回答,不要答非所问;答辩要实事求是,知之为知之,遇到不会回答的问题要如实说明还没思考好,下去以后再好好研究,切忌不懂装懂、乱答一气.

第3节 面试试题举例

一、结构化面试试题举例

（1）有个学生被教师体罚后找校长告状. 教师辩解道:"没有惩罚的教育是不完整的教育."对此事,你怎么看?

（2）临近升学考试，有学生仍然漫不经心，任课老师严厉地批评了他，并说："宁可让你抱怨我一阵子，也不愿你今后恨我一辈子！"对老师的这种做法，你怎么看？

（3）有位学生抱怨下午放学时家长总是很晚来接他，因此情绪低落．对此，你怎么办？

（4）张老师经常批评学生，有同事劝他尽量少批评，以防出事．对此，你怎么看？

（5）某学生有情绪障碍，课堂上会突然发笑或哭泣．作为老师，你该怎么办？

（6）面临升学考试，班里有些学生主动放弃了体育锻炼和娱乐活动．对此，你怎么办？

（7）老师正在分析例题，有一位学生站起来说："老师，您分析错了．"作为老师，你怎么办？

（8）有一位教师退休时总结说："我是个幸福的人，这种幸福只有当教师的人才会有．"你怎么看？

（9）上课时，老师不小心摔倒了，全班学生哄堂大笑．如果你是老师，怎么办？

（10）老师在安排座位时，让成绩好的同学先选座位，成绩差的同学后挑．对此，你怎么看？

（11）教师既要精于"授业""解惑"，更要以"传道"为责任和使命．对此，你怎么看？

（12）放学后，某学生因违反课堂纪律被老师留下来谈话．突然，等待多时的家长冲进办公室质问老师．作为老师，你怎么办？

（13）班里有一个单亲家庭的学生，性格孤僻，不好合作．假如你是班主任，怎么办？

（14）徐老师的妻子经常对他唠叨说："当老师太辛苦，工资低，顾不了家！"对此，你怎么看？

（15）课堂上，有学生正在偷偷看小说，老师发现后一把夺过书，严厉地说："课后到我办公室来！"你如何看待这位老师的做法？

（16）你正在上课，突然校长走进教室听课，本来很活跃的课堂一下子变得很沉闷．作为老师，你怎么办？

（17）学生做值日时，有个别家长心疼孩子，会到学校替孩子打扫卫生．对此，你怎么办？

（18）有人说，"教师要学会蹲下来和儿童说话．"对此，你怎么看？

（19）在班会上，老师宣布今后班干部由每个同学轮流担当．对此，你怎么看？

（20）做眼保健操时，小童被体育委员批评做得不认真．他不服，两人一起找老师评理．作为老师，你怎么办？

（21）一学生上课迟到被老师批评，他坐到座位上后故意捂住耳朵、闭上眼睛不听课．假如你是老师，该怎么办？

（22）考试成绩出来了，小敏又不及格，老师鼓励她说："只要不断努力，老师相信你最终一定会考出好成绩！"对此，你怎么看？

（23）班上有一个学生总是乱翻东西、搞破坏、不守规矩．对此，你怎么办？

（24）课堂上，老师边讲边画老虎，学生在下面悄悄说："什么老虎呀，完全是只猫．"如果你是这位老师，怎么办？

（25）有人认为，教师不健康的心理行为是学生心理问题的污染源之一．对此，你怎么看？

（26）某学生性格内向，课堂小组合作学习时很少参与，老师有意安排他做小组长．对此，你怎么看？

（27）课外活动时，一学生突然晕倒了．作为老师，你怎么办？

（28）你对班里学生要求很严格，结果受到了学生家长的埋怨指责．作为班主任，你怎么办？

（29）有学生说，最喜欢与学生打成一片、和学生做朋友的老师．对此，你怎么看？

（30）上课时，有学生故意提出一个问题来刁难老师，老师一时答不出来．假如你是这位老师，该怎么办？

从以上问题可以看出，教师资格面试的结构化面试试题，主要涉及教学中的突发事件、师生关系、生生关系、家校合作、学生心理等问题，主要考查考生是否具备良好的职业素质、心理素质、应变能力、表达能力等，对考生的教师职业认知、教师职业道德等有一定的要求．

二、试讲题目举例

第 1 题

1. 题目：相等向量
2. 内容

长度相等且方向相同的向量叫作相等向量（equal vector）. 如图 9.4 所示用有向线段表示的向量 $\vec{a}$ 与 $\vec{b}$ 相等. 记作 $\vec{a}=\vec{b}$. 任意两个相等的非零向量，都可用同一条有向线段来表示，并且与有向线段的起点无关. 在平面上，两个长度相等且指向一致的有向线段表示同一个向量. 因为向量完全由它的方向和模确定.

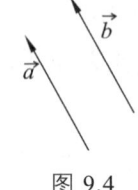

图 9.4

如图 9.5 所示，设 O 是正六边形 $ABCDEF$ 的中心，分别写出图中与 $\vec{OA}$、$\vec{OB}$、$\vec{OC}$ 相等的向量.（向量 $\vec{OA}$ 与 $\vec{FE}$ 相等吗？向量 $\vec{OB}$ 与 $\vec{AF}$ 相等吗？）

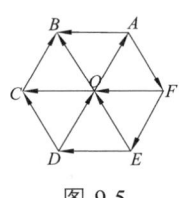

图 9.5

解：$\vec{OA}=\vec{CB}=\vec{DO}$；
$\vec{OB}=\vec{DC}=\vec{EO}$；
$\vec{OC}=\vec{AB}=\vec{ED}=\vec{FO}$.

第 2 题

1. 题目：两角差余弦公式的应用
2. 内容

已知 $\sin\alpha=\dfrac{4}{5}$，$\alpha\in\left(\dfrac{\pi}{2},\pi\right)$，$\cos\beta=-\dfrac{5}{13}$，$\beta$ 是第三象限角. 求 $\cos(\alpha-\beta)$ 的值.［联系公式 $C_{(\alpha-\beta)}$ 和本题的条件，要计算 $\cos(\alpha-\beta)$，应做哪些准备？］

解：由 $\sin\alpha=\dfrac{4}{5}$，$\alpha\in\left(\dfrac{\pi}{2},\pi\right)$，得

$$\cos\alpha=-\sqrt{1-\sin^2\alpha}=-\sqrt{1-\left(\dfrac{4}{5}\right)^2}=\dfrac{3}{5};$$

又由 $\cos\beta = -\dfrac{5}{13}$，$\beta$ 是第三象限角，得

$$\sin\beta = -\sqrt{1-\cos^2\beta} = -\sqrt{1-\left(-\dfrac{5}{13}\right)^2} = \dfrac{12}{13}.$$

所以

$$\begin{aligned}\cos(\alpha-\beta) &= \cos\alpha\cos\beta + \sin\alpha\sin\beta\\ &= \left(-\dfrac{3}{5}\right)\times\left(-\dfrac{5}{13}\right) + \dfrac{4}{5}\times\left(-\dfrac{12}{13}\right)\\ &= -\dfrac{33}{65}.\end{aligned}$$

（思维的有序性和表述的条理性是三角变换的基本要求.）

第 3 题

1. 题目：圆的标准方程
2. 内容

在平面直角坐标系中，如何确定一个圆？

显然，当圆心位置与半径大小确定后，圆就唯一确定了，因此，确定一个圆最基本的要素是圆心和半径．如图 9.6 所示，在直角坐标系中，圆心（点）A 的位置用坐标（a，b）表示．半径 r 的大小等于圆上任意点 $M(x, y)$ 与圆心 $A(a, b)$ 的距离．圆心为 A 的圆就是集合

$$P = \{\,M \mid |MA| = r\,\}.$$

由两点间的距离公式，点 M 的坐标适合的条件可以表示为

$$\sqrt{(x-a)^2 + (y-b)^2} = r.$$

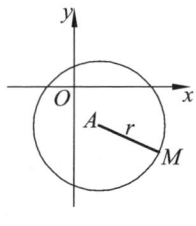

图 9.6

① 式两边平方，得
$$(x-a)^2 + (y-b)^2 = r^2 \qquad (1)$$

若点 $M(x,y)$ 在圆上，由上述讨论可知，点 M 的坐标适合方程（1）；反之，若点 $M(x,y)$ 的坐标适合方程（1），这就说明点 M 与圆心 A 的距离为 r. 即点 M 在圆心为 A 的圆上. 我们把方程（1）称为圆心为 $A(a,b)$，半径为 r 的圆的方程. 把它叫作圆的标准方程（standard equation of circle）.（圆心在坐标原点，半径为 r 的圆的方程是什么？）

第 4 题

[注意题目后的（3），说明这不是该内容的第一课时]

1. 题目：曲线与方程的概念（3）
2. 内容

一般地，在直角坐标系中，如果某曲线 C（看作点的集合或适合某种条件的点的轨迹）上的点与一个二元方程 $f(x,y)=0$ 的实数解建立了如下的关系：

（1）曲线上点的坐标都是这个方程的解；

（2）以这个方程的解为坐标的点都是曲线上的点.

那么，这个方程叫作曲线的方程；这条曲线叫作方程的曲线（curve）.

[曲线方程是 $f(x,y)=0$，也可以说成曲线 $f(x,y)=0$.]

证明与两条坐标轴的距离的积是常数 $k(k>0)$ 的点的轨迹方程是 $xy = \pm k$.

证明：（1）如图 9.7 所示. 设 $M(x_0, y_0)$ 是轨迹上的任意一点，因为点 M 与 x 轴的距离为 $|y_0|$，与 y 轴的距离为 $|x_0|$，所以
$$|x_0| \cdot |y_0| = k.$$

即 (x_0, y_0) 是方程 $xy = \pm k$ 的解.

（2）设点 M_1 的坐标 (x_1, y_1) 是方程 $xy = \pm k$ 的解，则
$$x_1 y_1 = \pm k.$$

即
$$|x_1| \cdot |y_1| = k.$$

而 $|x_1|\cdot|y_1|$ 正是点 M_1 到纵轴、横轴的距离，因此点 M_1 到这两条直线的距离的积是常数 k．点 M_1 是曲线上的点．

由（1）（2）可知，$xy=\pm k$ 是与两条坐标的距离的积为常数 $k(k>0)$ 的点的轨迹方程．

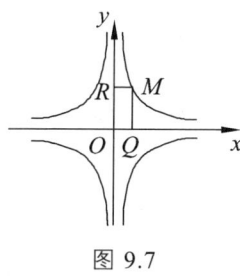

图 9.7

第 5 题

1．题目：正切函数的性质

2．内容

求函数 $y=\tan\left(\dfrac{\pi}{2}x+\dfrac{\pi}{3}\right)$ 的定义域、周期和单调区间．

解：函数的自变量 x 应满足

$$\frac{\pi}{2}x+\frac{\pi}{3}\neq k\pi+\frac{\pi}{2},\ k\in \mathbf{Z}.$$

即

$$x\neq 2k+\frac{1}{3},\ k\in \mathbf{Z}.$$

所以，函数的定义域是 $\left\{x\mid x\neq 2k+\dfrac{1}{3},\ k\in \mathbf{Z}\right\}$．

由于

$$f(x)=\tan\left(\frac{\pi}{2}x+\frac{\pi}{3}\right)=\tan\left(\frac{\pi}{2}x+\frac{\pi}{3}+\pi\right)$$
$$=\tan\left[\frac{\pi}{2}(x+2)+\frac{\pi}{3}\right]=f(x+2).$$

因此函数的周期为 2．

由 $-\frac{\pi}{2}+k\pi < \frac{\pi}{2}x+\frac{\pi}{3} < \frac{\pi}{2}+k\pi$，$k\in \mathbf{Z}$，解得

$$-\frac{5}{3}+2k < x < \frac{1}{3}+2k, \quad k\in \mathbf{Z}$$

因此，函数的单调递增区间是

$$\left(-\frac{5}{3}+2k, \frac{1}{3}+2k\right), \quad k\in \mathbf{Z}$$

第 6 题

［注意题目后的（3），说明这不是该内容的第一课时］

1. 题目：命题（3）

2. 内容

数学中有一些命题虽然表面上不是"若 p，则 q"的形式，如"垂直于同一条直线的两个平面平行"，但是把它的表述作适当改变．就可以写成"若 p，则 q"的形式：

若两个平面垂直于同一条直线，则这两个平面平行．

这样，它的条件和结论就很清楚了．

将下列命题改写成"若 p，则 q"的形式，并判断真假：

（1）垂直于同一条直线的两条直线平行．

（2）负数的立方是负数．

（3）对顶角相等．

解：（1）若两条直线垂直于同一条直线，则这两条直线平行．

它是假命题．

（2）若一个数是负数．则这个数的立方是负数．

它是真命题．

（3）若两个角是对顶角，则这两个角相等．

它是真命题．

第 7 题

［注意题目后的（2），说明这不是该内容的第一课时］

1. 题目：三角函数单调性的应用（2）
2. 内容

求函数 $y = \sin\left(\dfrac{1}{2}x + \dfrac{\pi}{3}\right)$，$x \in [-2\pi, 2\pi]$ 的单调递增区间.（你能求 $y = \sin\left(\dfrac{\pi}{3} - \dfrac{1}{2}x\right)$，$x \in [-2\pi, 2\pi]$ 的单调递增区间吗？）

分析：我们可以利用正弦函数的单调性来求所给函数的单调区间.

解：令 $z = \dfrac{1}{2}x + \dfrac{\pi}{3}$，函数 $y = \sin z$ 的单调递增区间是

$$\left[-\dfrac{\pi}{2} + 2k\pi, \dfrac{\pi}{2} + 2k\pi\right].$$

由

$$-\dfrac{\pi}{2} + 2k\pi \leqslant \dfrac{1}{2}x + \dfrac{\pi}{3} \leqslant \dfrac{\pi}{2} + 2k\pi,$$

得

$$-\dfrac{5\pi}{3} + 4k\pi \leqslant x \leqslant \dfrac{\pi}{3} + 4k\pi, \ k \in \mathbf{Z}.$$

设

$$A = [-2\pi, 2\pi],$$

$$B = \left\{x \ \middle|\ -\dfrac{5\pi}{3} + 4k\pi \leqslant x \leqslant \dfrac{\pi}{3} + 4k\pi,\ k \in \mathbf{Z}\right\}.$$

易知 $A \cap B = \left[-\dfrac{5\pi}{3}, \dfrac{\pi}{3}\right]$，

所以函数 $y = \sin\left(\dfrac{1}{2}x + \dfrac{\pi}{3}\right)$，$x \in [-2\pi, 2\pi]$ 的单调递增区间是

$$\left[-\dfrac{5\pi}{3}, \dfrac{\pi}{3}\right].$$

第 8 题

1. 题目：两角和的余弦公式

2. 内容

下面以公式 $C_{(\alpha-\beta)}$ 为基础来推导其他公式. 例如，比较 $\cos(\alpha-\beta)$ 与 $\cos(\alpha+\beta)$，并注意 $\alpha+\beta$ 与 $\alpha-\beta$ 之间的联系：$\alpha+\beta = \alpha-(-\beta)$，则由公式 $C_{(\alpha-\beta)}$，有

$$\begin{aligned}\cos(\alpha+\beta) &= \cos[\alpha-(-\beta)] \\ &= \cos\alpha\cos(-\beta)+\sin\alpha\sin(-\beta) \\ &= \cos\alpha\cos\beta-\sin\alpha\sin\beta.\end{aligned}$$

于是，我们得到了两角和的余弦公式，简记作 $C_{(\alpha-\beta)}$，

$$\cos(\alpha+\beta) = \cos\alpha\cos\beta-\sin\alpha\sin\beta.$$

利用和（差）角公式计算 $\cos 20°\cos 70° - \sin 20°\sin 70°$ 的值.

解：由公式 $C_{(\alpha-\beta)}$，得

$$\begin{aligned}&\cos 20°\cos 70° - \sin 20°\sin 70° \\ &= \cos(20°+70°) \\ &= \cos 90° \\ &= 0\end{aligned}$$

第 9 题

1. 题目：点到直线的距离公式及其应用
2. 内容

点 $P_0(x_0, y_0)$ 到直线 $l: Ax+By+C=0$ 的距离

$$d = \frac{|Ax_0+By_0+C|}{\sqrt{A^2+B^2}}.$$

已经点 $A(1,3)$，$B(3,1)$，$C(-1,0)$，求 $\triangle ABC$ 的面积.

解：如图 9.8 所示，设 AB 边上的高为 h，则

$$S_{\triangle ABC} = \frac{1}{2}|AB|\cdot h.$$

$$|AB| = \sqrt{(3-1)^2+(1-3)^2} = 2\sqrt{2}.$$

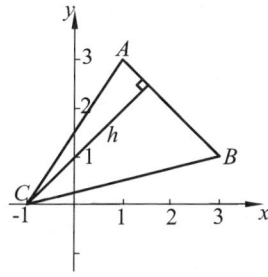

图 9.8

AB 边上的高 h 就是点 C 到 AB 的距离.

AB 边所在直线的方程为

$$\frac{y-3}{1-3}=\frac{x-1}{3-1}.$$

即 $x+y-4=0$.

点 $C(-1,0)$ 到 $x+y-4=0$ 的距离

$$h=\frac{|-1+0-4|}{\sqrt{1^2+1^2}}=\frac{5}{\sqrt{2}}.$$

因此，$S_{\triangle ABC}=\frac{1}{2}\times 2\sqrt{2}\times\frac{5}{\sqrt{2}}=5.$

第 10 题

1. 题目：向量加法的交换律与结合律
2. 内容

数的加法满足交换律与结合律，即对任意 $a、b\in \mathbf{R}$，有

$$a+b=b+a,$$
$$(a+b)+c=a+(b+c).$$

任意向量 $\vec{a}、\vec{b}$ 的加法是否也满足交换律和结合律？请画图进行探索.

如图 9.9 所示，作 $\vec{AB}=\vec{a}$，$\vec{AD}=\vec{b}$. 以 AB、AD 为邻边作 $\square ABCD$，则 $\vec{BC}=$ _____，$\vec{DC}==$ _____.

因为 $\vec{AC} = \vec{AB} + \vec{BC} = \vec{a} + \vec{b}$.

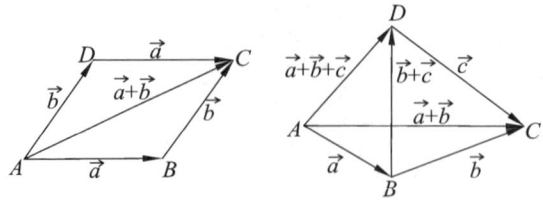

图 9.9

$$\vec{AC} = \vec{AD} + \vec{DC} = \vec{b} + \vec{a}.$$

所以 $\vec{a} + \vec{b} = \vec{b} + \vec{a}$.

由图 9.9，你能否验证

$$(\vec{a} + \vec{b}) + \vec{c} = \vec{a} + (\vec{b} + \vec{c})$$

综上所述，向量的加法满足交换律和结合律.

第 11 题

1. 题目：终边相同的角（4）
2. 内容

一般地，所有与角 α 终边相同的角，连同角 α 在内，可构成一个集合 $S = \{\beta \mid \beta = \alpha + k \cdot 360°, k \in \mathbf{Z}\}$，即唯一与角 α 终边相同的角，都可以表示成角 α 与整数个周角的和.

写出终边在直线 $y = x$ 上的角的集合 S. 并把 S 中适合不等式 $-360° \leqslant \beta \leqslant 720°$ 的元素 β 写出来.

解：如图 9.10 所示，在直角坐标系中画出直线 $y = x$，可以发现它与 x 轴的夹角是 $15°$，在 $0° \sim 360°$ 终边在直线 $y = x$ 上的角有两个：$45°, 225°$. 因此，终边在直线 $y = x$ 上的角的集合

$$S = \{\beta \mid \beta = 45° + k \cdot 360°, k \in \mathbf{Z}\} \cup \{\beta \mid \beta = 225° + k \cdot 360°, k \in \mathbf{Z}\}$$
$$= \{\beta \mid \beta = 45° + k \cdot 180°, k \in \mathbf{Z}\}.$$

S 中适合 $-360° \leqslant \beta \leqslant 720°$ 的元素是

$$45° - 2 \times 180° = -315°,$$

$$45° - 1 \times 180° = -135°,$$
$$45° + 0 \times 180° = 45°,$$
$$45° + 1 \times 180° = 225°,$$
$$45° + 2 \times 180° = 405°,$$
$$45° + 3 \times 180° = 585°.$$

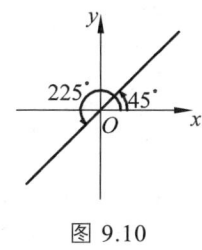

图 9.10

第 12 题

1. 题目：两点间距离公式的应用
2. 内容

证明平行四边形四条边的平方和等于两条对角线的平方和.

分析：首先要建立适当的坐标系，用坐标表示有关量，然后进行代数运算，最后把代数运算的结果"翻译"成几何语言.

证明：如图 9.11 所示，以顶点 A 为坐标原点，AB 边所在直线为 x 轴，建立直角坐标系，有 $A(0,0)$. [如何由平行四边形的性质，得到点 C 的坐标为 $(a+b, c)$？]

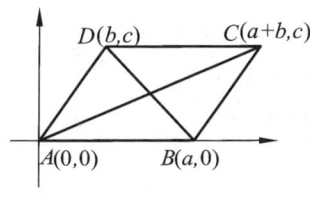

图 9.11

设 $B(a, 0)$，$D(b, c)$. 由平行四边形的性质得点 C 的坐标为 $(a+b, c)$. 因为

$$|\overrightarrow{AB}|^2 = a^2, \quad |\overrightarrow{CD}|^2 = a^2,$$

$$\left|\overrightarrow{AD}\right|^2 = b^2 + c^2, \quad \left|\overrightarrow{BC}\right|^2 = b^2 + c^2,$$

$$\left|\overrightarrow{AC}\right|^2 = (a+b)^2 + c^2, \quad \left|\overrightarrow{BD}\right|^2 = (b-a)^2 + c^2.$$

所以

$$\left|\overrightarrow{AB}\right|^2 + |\overrightarrow{CD}|^2 + |\overrightarrow{AD}|^2 + |\overrightarrow{BC}|^2 = 2(a^2+b^2+c^2),$$

$$\left|\overrightarrow{AC}\right|^2 + |\overrightarrow{BD}|^2 = 2(a^2+b^2+c^2).$$

所以

$$\left|\overrightarrow{AB}\right|^2 + |\overrightarrow{CD}|^2 + |\overrightarrow{AD}|^2 + |\overrightarrow{BC}|^2 = |\overrightarrow{AC}|^2 + |\overrightarrow{BD}|^2.$$

因此，平行四边形四条边的平方和等于两条对角线的平方和．

上述解决问题的基本步骤详见图 9.12 所示的步骤．

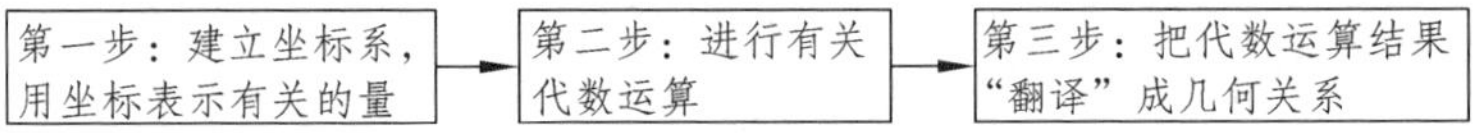

第一步：建立坐标系，用坐标表示有关的量 → 第二步：进行有关代数运算 → 第三步：把代数运算结果"翻译"成几何关系

图 9.12 基本步骤

从以上试讲题目可以看出，教师资格证面试的试讲问题，主要涉及初（高）中[①]的重点知识（数学概念、数学定理、数学公式以及它们的应用），主要考查考生对教材知识的把握、对教学方法的使用以及在短时间内做好教学设计等的能力，同时兼顾考查考生的表达能力、板书设计以及普通话水平等．

考生在拿到题目后，要花一定的时间理解教材内容，构思教学过程，做好教学设计．考生要特别注意认真审题，对于题目后带有（2）、（3）等数字编号的，尤其要注意把握 10 min 内该讲哪些内容，从哪里讲起，到哪里结束．很多考生抽到题目后带有（2）、（3）等数字编号的试讲问题时，花了大量的时间去讲题目以外的知识，以至于 10 min 结束了还没进入正题，得不偿失．

[①] 这里主要是以高中数学知识为例，初中数学也大抵都是选择重要的知识点（数学概念、数学定理、数学公式以及它们的应用）作为试讲内容．

附　录

附录1　论数学教育对中小学生核心素养的培育[①]

一、引　言

教育部2014年3月30日印发了《关于全面深化课程改革，落实立德树人根本任务的意见》（教基二〔2014〕4号）的文件，在这份文件中，一个崭新的概念"核心素养"——被置于深化课程改革、落实立德树人目标的基础地位——首次被提出来.[②]

时任教育部袁贵仁部长在2015年全国教育工作会议上的讲话中指出，"加快研制发布中国学生发展核心素养体系". 以林崇德教授为首席专家的学生核心素养研究课题组认为，学生核心素养总框架的建构应包括社会参与（公民道德、社会责任、国家认同、国际视野）、自主发展（身心健康、自我管理、学会学习、问题解决与创新）和文化修养（语言素养、数学素养、科技与信息素养、审美与人文素养）三个领域十二项核心素养指标.[③]

"核心素养"是学生在接受相应学段的教育过程中，逐步形成的适应个人终身发展和社会发展需要的必备品格和关键能力. 核心素养突出强调个人修养、社会关爱、家国情怀，更加注重自主发展、合作参与、创新实践，它"反映了学生终身学习所必需的素养与国家、社会公认的价值观".[④]

核心素养是所有学生应具有的最关键、最必要的共同素养，是知识、

---

① 本文发表于《兴义民族师范学院学报》2015年第5期.
② 施久铭. 核心素养：为了培养"全面发展的人"《教育研究与评论：中学教育教学版》，2014.
③ 高宝立，等. 2015，教育研究前沿的思想印迹.《中国教育报》，2015-12-30（7）.
④《人民教育》编辑部. 核心素养：重构未来教育图景[J].《教育研究与评论：中学教育教学版》，2015.

能力和态度等的综合表现，它通过接受教育来形成和发展，具有发展的连续性、阶段性和整合性. 要在学科教学中培育学生的核心素养，首先需要研究、制订各学段学生发展的核心素养体系，同时要求教师从"学科教学"转向"学科教育"，真正做到既教书、又育人.

以下仅就在小学和中学两个阶段的数学教育过程中如何培育学生的核心素养，提出一些看法供大家探讨.

二、数学教育应培育的核心素养

根据国内外研究者对核心素养的界定，结合《数学课程标准》的有关要求，从数学抽象、逻辑推理、数学建模、运算能力、直观想象、数据分析和个人修养等方面，分别论述在中学和小学阶段的数学教育过程中学生核心素养的培育.

1. 中学数学教育应培育的核心素养

（1）数学抽象.

了解从众多的事物中抽取出共同的、本质性的特征，而舍弃其非本质的特征，形成数学概念、命题和数学思想方法.

（2）逻辑推理.

在学习中进行发现数学问题、提出数学问题与解决数学问题的训练.

在数学论证中进行合情推理与逻辑推理的训练.

（3）数学建模.

在实际的情境中，从数学的角度提出问题、分析问题、表达问题、构建模型、求解结论、验证结论、改进模型，最终得到符合实际的结果.

（4）运算能力.

理解运算对象，掌握运算法则，探究运算方向，选择运算方法，设计运算程序，求得运算结果.

（5）直观想象.

利用图形描述数学问题，建立形与数的联系，构建数学问题的直观模型，探索解决问题的思路.

（6）数据分析.

收集数据提取信息，利用图表展示数据，构建模型分析数据，解释数据蕴含的结论.

（7）个人修养.

在读、写、听、说、算中，善用简洁、准确的语言表达与交流，训练合作参与的相关基本技能，为专业发展做准备.

在数学学习中，正确认识自己，学习他人经验，热爱国家，诚信为人.

面对生活、学习中的问题，敢于实践和提出个人见解，面对社会的进步，感悟接受改变、适应改变，顺应发展.

2. 小学数学教育应培育的核心素养

（1）数学抽象.

初步了解从众多的事物中归纳、概括出代表这类事物共同的、本质性的特征，而舍弃其非本质的特征，形成数学概念、数学法则、性质和数学思想方法.

（2）逻辑推理.

在学习中进行发现数学问题、提出数学问题、分析数学问题与解决数学问题的初步训练.

在数学验证中以合情推理训练为主，适当进行逻辑推理的初步训练.

（3）数学建模.

从贴近生活的数学情境中提出问题，并能用数字、算式、等式、不等式简易方程等表示.

在具体的情境中，了解常见的数量关系，建立一些简单的数学模型（如等式、简易方程、正反比例关系、简单统计图等）.

（4）运算能力.

掌握口算、估算、笔算的方法，在数学运算中，探索并了解运算律（加法的交换律和结合律、乘法的交换律和结合律、乘法对加法的分配律），会应用运算律进行一些简便运算.

在具体运算和解决简单实际问题的过程中，体会加与减、乘与除的互逆关系，在解决问题的过程中，能灵活选择合适的方法进行计算.

(5)直观想象.

通过观察、操作等,初步领会利用图形描述数学问题,根据数学问题想象出图形,建立形与数的联系,初步学习构建数学问题的直观模型,探索解决问题的思路.

(6)数据分析.

经历简单的收集、整理、描述和分析数据的过程,初步学习根据实际问题设计简单的调查表,并能解释统计结果,根据结果做出简单的判断和预测,进行交流.

(7)个人修养.

贴近生活情境学习数学,在读、写、听、说、算与反思、交流中,掌握相关的数学基础知识与相关基本技能.

虚心学习,热爱生活,热爱国家,尊老爱幼,诚信为人.

面对生活、学习中的问题,敢于实践和提出个人见解,面对社会的进步,初步感悟接受改变、适应改变,顺应发展.

核心素养作为公民素养的核心部分,如何与具体学科教育相结合,如何在教育教学中真正落实?为了回答这些问题,贵州师范大学吕传汉教授于2014年初提出了用"教思考、教体验、教表达"(以下简称"三教")的教育理念来培育学生的核心素养的观点."三教"理念,是吕传汉教授及其团队经过长期的理性思考与实践探索,在回顾、反思十余年的基础教育课程改革经验的基础上提出来的.该理念的提出,是对学科教育理念的高度概括,顺应了新时代科学技术高速发展对创新型人才培育的需要,也是适应经济发展新常态下社会对创新人才培养的需要.

二、用"三教"理念引领学生核心素养的培育

1."三教"理念概述

(1)"教思考",重在让学生学会辩证思考.

思起于疑,没有问题就没有思考.因此"教思考"首先要重视对问题意识的培养;其次,教师在教学中应帮助学生理清知识的逻辑脉络,从知识的理解中向学生传递比较、分析、抽象、概括、归纳、类比、演绎等思想

方法；更进一步，应在解题、实验、实践的反思过程中提高学生的探究、思辨和批判能力.

（2）"教体验"，重在引导学生在"做中学"中获得学习体验和科研方法的体验.

学习体验，可以理解为学生从经历的学习活动过程中获得的感受、体会、领悟以及由此获得的对相关知识、技能、情感与观念等内容有机组合的个体内化经验. 这种个体内化经验的逐渐积累，就会形成个体的素养或能力.

学习体验和科学研究方法的体验，都是以具体学科知识和技能的学习为载体，通过学生个体亲身的学习参与、实践探索，经过不断地思考、领悟而获得对学科思想方法的理解与把握，并进一步上升为对科学研究方法的理解，同时获得对知识学习和科学研究的情感体验，养成良好的学习态度、科学习惯，并逐渐形成正确的知识观、价值观.

因此，教学中应引导学生关注知识内涵与逻辑脉络的学习，重视激发学生的学习兴趣；应引导学生在知识理解、语言文字运用、解题、实验、实践的反思中体验有关思想方法；应引导学生在自主学习、合作探究、讨论辩论中获得勤于思考、敢于质疑、勇于创新的体验.

（3）教"教表达"，重在对"表达、倾听、交际"能力的训练，进而培养学生的社会沟通能力和适应能力.

任何一门学科都有自己独特的语言. "听、说、读、写"不仅仅是语言教学的问题，而是每一门学科知识教学共同关注的问题. 教师既要提高学生的口头表达能力，在教学中通过提问、讨论等活动引导学生表述自己对问题的理解与思考；还应通过指导、鼓励学生撰写"学习日记""学习心得""学习小论文"等，培养学生的文字表达能力；同时，应引导学生学会听取他人的意见，学会与人合作，学会帮助别人和向别人寻求帮助，培养学生的社会交际能力.

2. "三教"之间的逻辑关系

"三教"是对课堂教学本质属性的高度概括，是一个有机的整体，没有截然的界限. 三者各司其职又相互配合，共同实现对学生全面发展的培养. 同时，三者之间又存在着一定的逻辑关系，可以简单地概括为没有思考就没有体验,没有体验就难以表达,表达是思考和体验的结果;在思考中体验,在体验中思考,因有所思考和体验而更准确地表达;在体验和表达中产生新的思考.

深入思考是获得深刻体验的基础.没有深入的思考,就难以真正理解问题,就无法认识学习对象的本质,就感悟不到学科的精神和思想方法,也无法获得知识发现、科学研究中的情感体验.

深刻体验是清楚表达的前提.有所体验是言之有物的基础,正如俗语所言:如人饮水,冷暖自知.对于一个事物没有完整的、深刻的体验,要想通过语言、文字加以说明和解释,其结果就是盲人摸象、管中窥豹.

因此,在教学中,教师应通过"教思考"引导学生获得"体验",通过"教思考"达到"教体验",并让学生在有所体验的基础通过充分的反思、讨论、交流、辩论、倾听、叙述、描写等,发展他们的语言表达能力、文字表达能力和社会交往能力,实现"教表达".更进一步,在体验、表达的过程中,引导学生发现新的问题,引起学生新的思考.因此,"教思考""教体验""教表达"三者之间形成一种互为基础、相互依存的关系,如附图 1.1 所示.

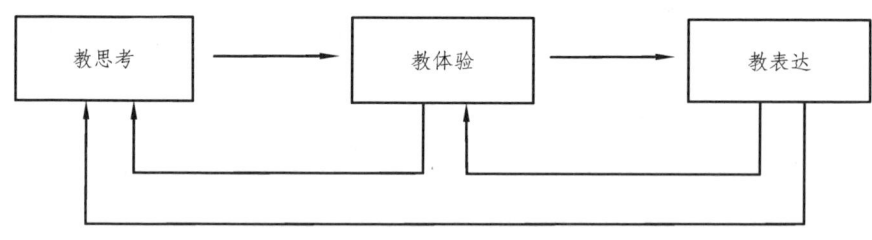

附图 1.1　"三教"之间的逻辑关系

3. 用"三教"理念引领数学教育,培育学生核心素养

承前所述,"教思考",重在让学生学会辩证思考;"教体验",重在引导学生在"做中学"的学习活动中获得学习体验和科学研究方法的体验;"教表达",重在对学生的"表达、倾听、交际"能力的训练,进而培养学生的社会交际能力和适应能力.那么,在数学教育中,如何践行"三教"理念,促进学生核心素养的发展呢?

我们认为,在"三教"理念指导下的数学教育教学过程中,根据学生不同阶段的认知特征，可以通过教会学生"想数学"，引导学生"做数学"，鼓励学生"说数学"，以促进学生核心素养的发展.

（1）教会学生"想数学"，发展核心素养.

任何学习都需要思考，数学学习尤其需要思考，没有思考就没有真正的数学学习. 在数学教学中"教思考"，就是要教学生"想数学"，教学生学会"数学地思考"，这是数学教学的核心任务. 所谓"数学地思考"，就是用数学的眼光观察世界、从数学的角度思考问题. 教师在数学教学中，要用恰当的方法，引导不同学段的学生感受数学与生活世界的联系，在"数学地思考"过程中体验到数学的价值，体验到成功应用数学知识解决问题的快乐，实现通过"教思考"达到"教体验"的目的.

在不同的阶段，都需要重视教学生"数学思考"：

小学阶段：要重视从贴近生活的数学情境中，诱导学生发现数学问题、提出数学问题、分析数学问题和解决数学问题，激发数学学习兴趣；从形成数学概念、发现数学结论到感悟数学思想方法的过程中，初步了解数学抽象，进行逻辑推理与合情推理的初步训练；在读、写、听、说、算以及表达、交流中，初步形成合作参与的基本技能.

中学阶段：要重视引导学生从数学学习中学会学习、学会数学思考和学习反思，提升注意、记忆和思考能力；在问题解决、知识再发现的探究活动中，掌握相关的数学基础知识，形象思维与逻辑思维并重发展，学习数学的抽象、概括、归纳、类比、演绎、比较、分析、综合、判断、猜想、验证等思想方法，从而发展学生的核心素养；学会正确认识自己，学习他人经验，与人和谐相处，发展人格特征，在社会生活中合作参与，自我发展，热爱国家，诚信为人.

（2）引导学生"做数学"，发展核心素养.

弗赖登塔尔认为："数学是人的一种活动，如同游泳一样，要在游泳中学会游泳，我们也必须在做数学中学习数学，也就是在创造数学中学习数学.""夸美纽斯的教学论原理是：教一个活动的最好方法是演示；我的意见是：学一个活动的最好方法是做."[①]

---

① 弗赖登塔尔. 作为教育任务的数学[M]. 陈昌平，等译. 上海：上海教育出版社，1995.

数学教师在教学中不能单纯地讲数学或让学生练习数学题,而是应引导学生在"做数学"中学数学.在不同的阶段,我们都需要重视教学生"做数学":

小学阶段:要重视指导学生贴近生活"做数学";在数学运算、几何直观、简单数据分析、数学建模和问题解决的"做数学"训练中,进行辩证思维能力的初步培养.

中学阶段:要重视让学生在数学活动中不断的观察、分析、发现、猜想、实验、推理证明或质疑反驳等,获得数学思想方法的体验和感悟;在数学运算、简单的数据分析、数学建模及问题解决的训练中,重视有关辩证思维能力的训练;面对社会的进步,指导学生学会适应改变、接受改变和自我改变,顺应发展.

(3)鼓励学生"说数学",发展核心素养.

所谓"说数学"就是指在数学教学中,教师鼓励学生叙述参与数学活动的思维过程、发表对数学问题的理解与看法、提出数学学习中的疑难与困惑、交流数学学习的体验与感悟等的师生或生生之间的交流活动.同样地,在不同的阶段都需要重视引导学生"说数学":

小学阶段:要重视引导学生谈数学学习的心得、体会.

中学阶段:要重视指导学生谈学习反思、谈对知识的个人见解.

鼓励学生"说数学",要力争达到"从形象直观向抽象概括发展、从自然语言向数学语言过渡、从静态描述向动态描述转变".为此,教师不仅要教会学生使用数学符号语言,也要教会学生使用图形语言、图表语言、文字语言等,多方面、多角度地发展学生的数学语言,提高学生的数学交流能力,发展学生的核心数学素养.

三、培育学生核心素养的一种途径:"三教"理念+数学"情境—问题"教学模式

要在数学教学中落实"三教"理念,通过"想数学""做数学""说数学"发展学生的核心素养,必须要有恰当的教学模式作为载体.为打造具有数学学科特点的教学模式,真正实现学生核心数学素养的发展,我们提出

了"用'三教'理念引领数学'情境—问题'教学模式,用数学'情境—问题'教学模式践行'三教'理念"的观点.

数学"情境—问题"教学模式是由贵州师范大学吕传汉、汪秉彝两位教授发起的,在西南地区乃至全国已经进行了长达 15 年的教学实验研究的一种课堂教学模式. 该教学模式的有关理论阐述、教学案例等详见《数学教育学报》等刊物和部分数学教育方向的硕士、博士论文及相关著作.

数学"情境—问题"教学是指在教师的引导下,从熟悉的或感兴趣的数学情境出发,通过积极思考、主动探究、提出问题、分析问题和解决问题,从而获取数学知识、思想方法和技能、技巧并应用数学知识解决(实际)问题的过程. 这种数学教学旨在逐渐建立学生的数学问题意识,逐步提高学生提出数学问题的能力,不断增强学生应用数学知识解决(实际)问题的能力. ①、②、③、④、⑤实践证明,这种教学对学生的数学素养的发展起着重要的作用. 数学"情境—问题"教学所倡导的基本模式[3-9]如附图 1.2 所示. 十多年来,该教学模式已经拓展为超出数学学科的一般教学模式,在全国各地的中小学乃至大学的各科课堂教学中发挥作用.

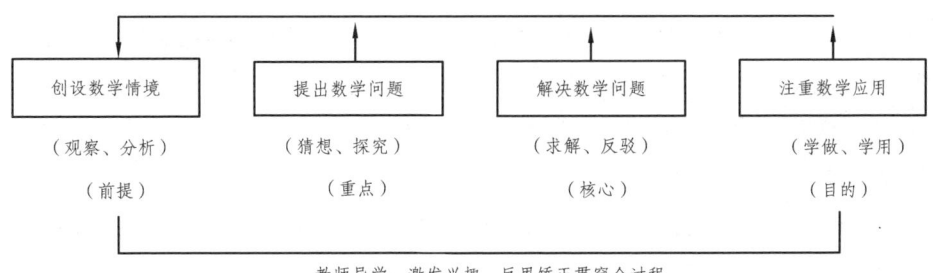

附图 1.2 "情境—问题"数学教学基本模式

---

① 汪秉彝,吕传汉:《创新与中小学数学教育》. 数学教育学报,2000,9(4).
② 吕传汉,汪秉彝. 论中小学"数学情境与提出问题"的数学学习[J]. 数学教育学报,2001,10(4):9-14.
③ 吕传汉,汪秉彝. 再论中小学"数学情境与提出问题"的数学学习[J]. 数学教育学报,2002,11(4):72-76.
④ 杨孝斌,吕传汉,汪秉彝. 三论中小学"数学情境与提出问题"的数学学习[J]. 数学教育学报,2003,12(4):76-79.
⑤ 杨孝斌,汪秉彝. 中小学"数学情境与提出问题"教学探析[J]. 数学教育学报,2004,13(4):84-87.

为了实现"用'三教'理念引领'情境—问题'教学模式,用'情境—问题'教学模式践行'三教'理念"的想法,在利用"情境—问题"教学模式开展教学的过程中,要将"教思考、教体验、教表达"贯穿该教学模式的各个环节.具体来说,分为以下3个方面:

(1)通过让学生对教师所创设的数学情境进行观察、分析和发现问题、提出问题、分析问题、解决问题的数学活动过程,教会学生"数学地思考",从而达到教思考的目的.

(2)通过提出数学问题、解决数学问题、应用数学知识等过程,让学生在"做数学"中感受数学学习的乐趣、领悟数学的思想方法、认识数学的科学价值与社会价值,从而达到教体验的目的.

(3)通过在该教学模式的各个环节中引导学生质疑、提问、讨论、交流,多方面、多角度、坚持不懈地提高学生的数学交流能力,从而达到教表达的目的.

将"三教"理念+数学"情境—问题"教学模式作为培育学生核心素养的一种途径,仍需注意,在不同的学习阶段,应各有不同的侧重点:

小学阶段:要贴近生活"创设数学情境"和"做数学",引导学生发现数学问题、提出数学问题、解决数学问题,使儿童感悟数学就在自己身边,更利于激活小学生的数学思考.

中学阶段:既要贴近生活情境,更要贴近已有的数学知识和相关的学科知识创设数学情境,引导学生提出数学问题和解决数学问题,并在解决数学问题的探究过程中体验有关数学思想与数学方法,增强思辨能力的培养.

总之,为了培养国家创新型人才,我们务必在人才培养的各个阶段,尤其是在儿童可塑性强的义务教育阶段,更加重视学生核心素养的培育.

鉴于数学是思维的产物,数学在形成人的理性思维、科学精神和促进个人智力发展的过程中发挥着独特的、不可替代的作用.因此,数学教育承载着立德树人育人功能,对于学生核心素养的培育具有十分重要的意义.

我们要在数学教育中,指导学生在广泛的学习中,学会学习、学会思考和学会反思,正确认识自己,博采众长,学会策划,发展个人品格特征,热爱国家，诚信为人.

面对个人发展和社会的发展，要善于适应改变、顺应发展、反思前进.

通过各学段的教育，让学生逐步培育起适应个人终身发展和社会发展需要的必备品格和关键能力，使之成为国家发展需要的创新型人才.

附录2 教学设计与研究——"等比数列的前 n 项和"公式发现的多样化教学设计与对比分析[①]

"同课异构"是教学研究中经常采用的模式. 在"等比数列的前 n 项和"公式发现环节，常常有老师反映用"错位相减法"推导公式存在着思维导向上的困难，很难向学生说清楚为什么要对式子 $S_n = a_1 + a_1q + a_1q^2 + \cdots + a_1q^{n-2} + a_1q^{n-1}$ 两边同时乘以 q. 本文将对该问题采取3种不同的教学设计，勾勒出它们的教学路径，分析各自存在的难点，并从教思考、教体验、教表达等方面对比分析三种教学设计各自的优势与不足，以期为一线教师提供参考.

一、"等比数列的前 n 项和"公式发现的多样化教学设计

本节内容选自人教版（A版）高中数学必修5第二章第2.5小节"等比数列的前 n 项和"中给出的大家所熟知的"国际象棋发明者的故事". 从这个故事中，抽象出具体的数学问题：$1 + 2 + 2^2 + \cdots + 2^{62} + 2^{63}$ 粒麦子总共有多少颗，有多重？

这里的问题相当于求首项为 1，公比为 2 的数列的前 64 项之和，即 $S_{64} = 1 + 2 + 2^2 + \cdots + 2^{62} + 2^{63}$. 这是一个等比数列前 n 项和的问题，对于一般的等比数列 $\{a_n\}$，称 $S_n = a_1 + a_2 + a_3 + \cdots + a_{n-1} + a_n$ 为等比数列 $\{a_n\}$ 的前 n 项和.

下面考虑3种不同的教学设计，引导学生得出等比数列的前 n 项和公式.

1. 教学设计1

师：我们前面学习了等差数列前 n 项和的推导方法——倒序相加法，在这里还能用吗？（提示学生，$1 + 2^{63} \neq 2 + 2^{62}$；同样的，在一般的等比数列中也有 $a_1 + a_n \neq a_2 + a_{n-1}$. 因此，倒序相加法不能用了，需要寻找新的方法）

师：我们不妨根据等比数列的定义，对 $S_n = a_1 + a_2 + a_3 + \cdots + a_{n-1} + a_n$ 进

[①] 本文发表于《中小学课堂教学研究》2020年第4期

行重新表述

$$S_n = a_1 + a_1q + a_1q^2 + \cdots + a_1q^{n-2} + a_1q^{n-1} \qquad ①$$

师：请同学们仔细观察这个式子，结合等比数列的定义，这个式子从第二项起，每一项都是在前一项的基础上乘了 q，也就是 $a_2 = a_1q, a_3 = a_2q, \cdots, a_n = a_{n-1}q$．从中你想到了什么？（启发学生：如果将整个式子乘以 q，会怎么样呢？）

生：得出

$$qS_n = a_1q + a_1q^2 + a_1q^3 + \cdots + a_1q^{n-1} + a_1q^n \qquad ②$$

师：现在我们来对比一下①、②两个式子，

$$S_n = a_1 + a_1q + a_1q^2 + \cdots + a_1q^{n-2} + a_1q^{n-1},$$

$$qS_n = a_1q + a_1q^2 + a_1q^3 + \cdots + a_1q^{n-1} + a_1q^n$$

很显然，②式的第一项就是①式的第二项，②式的第二项就是①式子的第三项，以此类推．

师：你现在打算怎么办？

生：作差．

师：是的，我们可以作差，得到下面的结论：

$$(1-q)S_n = a_1 - a_1q^n = a_1(1-q^n)$$

师（总结）：这里通过 S_n 构造出 qS_n 再作差的方法，称为"错位相减法"，同学们要注意对这种方法的理解和掌握（教师要总结这种方法所蕴含的数学思想——通过构造相同项、作差抵消、化繁为简的思想）．

师：这里的 $1-q$ 可以直接除过去吗？要注意什么？

生：分情况讨论，（1）当 $1-q \neq 0$ 即 $q \neq 1$ 时，有 $S_n = \dfrac{a_1(1-q^n)}{1-q}$；（2）当 $q=1$ 时，等比数列 $\{a_n\}$ 为常数数列，每一项都等于 a_1，于是有 $S_n = na_1$．

2. 教学设计2

接教学设计1的①式．

师：观察式子 $S_n = a_1 + a_1q + a_1q^2 + \cdots + a_1q^{n-2} + a_1q^{n-1}$，如果从第二项起把 q 提出来，就可以得到 $S_n = a_1 + q(a_1 + a_1q + \cdots + a_1q^{n-3} + a_1q^{n-2})$，也就是 $S_n = a_1 + qS_{n-1}$.

师：（进一步启发）这个结论有什么用呢？我们还知道关于 S_n 和 S_{n-1} 的什么结论呢？

生：$S_n = S_{n-1} + a_n$，也就是 $S_{n-1} = S_n - a_n$，将这个式子代入 $S_n = a_1 + qS_{n-1}$ 有：$S_n = a_1 + q(S_n - a_n)$，

整理得

$$(1-q)S_n = a_1 - qa_n.$$

（接下来分情况讨论，同上，略）

3. 教学设计 3

接教学设计 1 的①式.

师：观察式子 $S_n = a_1 + a_1q + a_1q^2 + \cdots + a_1q^{n-2} + a_1q^{n-1}$，如果我们把 a_1 提出来，就可以得到 $S_n = a_1(1 + q + q^2 + \cdots + q^{n-2} + q^{n-1})$. 则问题转化为：如何求 $1 + q + q^2 + \cdots + q^{n-2} + q^{n-1}$？

师：请同学们回忆一下我们以前学习过的平方差公式和立方差公式，并完成下面的小练习.

$x^2 - 1 = (x-1)(x+1)$，

$x^3 - 1 = (x-1)$ _____，

$x^4 - 1 = (x-1)$ _____，

……

$x^n - 1 = (x-1)$ _____.

（利用不完全归纳法猜出结论）

师：我们现在得到了 $x^n - 1 = (x-1)(x^{n-1} + x^{n-2} + \cdots + x^2 + x + 1)$，当 $x \neq 1$ 时有 $x^{n-1} + x^{n-2} + \cdots + x^2 + x + 1 = \dfrac{x^n - 1}{x - 1}$.

于是，当 $q \neq 1$ 时有

$$1 + q + q^2 + \cdots + q^{n-2} + q^{n-1} = \dfrac{q^n - 1}{q - 1},$$

也就是 $1+q+q^2+\cdots+q^{n-2}+q^{n-1}=\dfrac{1-q^n}{1-q}$.

将这个结论代入 $S_n=a_1(1+q+q^2+\cdots+q^{n-2}+q^{n-1})$ 有

$$S_n=\dfrac{a_1(1-q^n)}{1-q}.$$

（当 $q=1$ 时，同上，略）

二、三种教学设计的对比分析

1. 教学路径分析

教学路径，又称为教学路线图，是指将一节课的主要环节、基本过程、主要内容以及师生的主要活动等，用一张图的形式画出来．根据上述 3 种教学设计，画出它们的教学路径（见附图 2.1）．

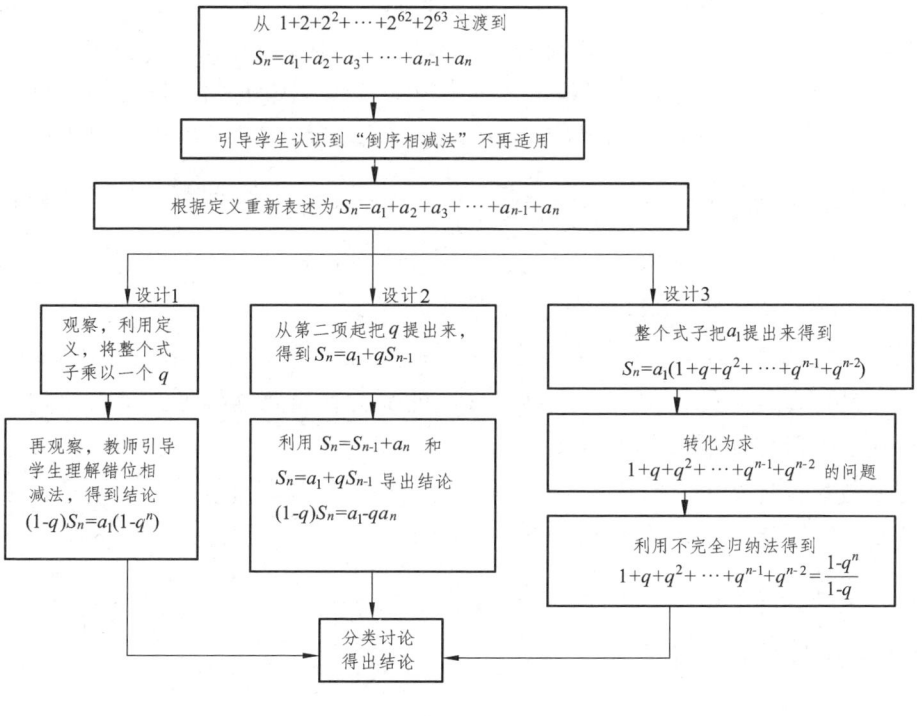

附图 2.1

很显然，它们的主要区别在于从式子 $S_n = a_1 + a_1q + a_1q^2 + \cdots + a_1q^{n-2} + a_1q^{n-1}$ 出发，由不同角度引出 S_n 与 a_1、q、a_n 的关系．教学实践表明，这 3 种不同的"等比数列的前 n 项和"公式发现的教学设计，对学生而言，各有其难以理解之处．

2. 3 种教学设计中学生理解有困难之处的分析

总的来说，在教学设计 1 中，教师利用等比数列的定义，引导学生观察 S_n 中"从第二项起，每一项都是在前一项的基础上乘了 q"，再启发学生"将整个式子乘以 q"，这里学生很难理解．在教学设计 2 中，"从第二项起把 q 提出来得到 $S_n = a_1 + qS_{n-1}$"和"结合 $S_{n-1} = S_n - a_n$ 导出结论"是学生理解有困难的地方．在教学设计 3 中，"对整个式子把 a_1 提出来"，学生理解有困难，而"用不完全归纳法得到 $1 + q + q^2 + \cdots + q^{n-2} + q^{n-1} = \dfrac{1-q^n}{1-q}$"学生理解起来就更难一些．

教学设计 1 中教师启发学生"将整个式子乘以 q"，这对于学生来说很难理解，这也恰恰是大多数教师在实际教学中讲不清楚的地方．事实上大多数教师的方法就是"直接将整个式子乘以 q"，没有安排恰当的过渡，也没有给出任何合理的解释．曾经有研究者尝试用"糖水浓度"实验引出等比定理，然后得到 $\dfrac{a_2}{a_1} = \dfrac{a_3}{a_2} = \cdots = \dfrac{a_n}{a_{n-1}} = \dfrac{a_2 + a_3 + \cdots + a_n}{a_1 + a_2 + \cdots + a_{n-1}} = q$，以此帮助学生理解为什么"将整个式子乘以 q"[1]．这也不失为一种可行的方法，但真要在数学课堂上做起浓度实验来，恐怕比较费时费力．

相对而言，教学设计 2 和教学设计 3 的"提公因式法"，教师稍做解释，学生是可以理解的，但是学生难以理解的是为什么要这样做，这需要教师在教学中做好铺垫．

教学设计 2 中"结合 $S_{n-1} = S_n - a_n$ 导出结论"的困难在于，学生是否熟悉结论"$S_n = S_{n-1} + a_n$"并能灵活运用．

教学设计 3 中"用不完全归纳法得到 $1 + q + q^2 + \cdots + q^{n-2} + q^{n-1} = \dfrac{1-q^n}{1-q}$"，一方面学生可能归纳有困难，另一方面学生可能持怀疑态度．这里老师要从

---

[1] 陈飞. 融入历史数学名题的教学尝试[J]. 数学通讯, 2016（20）: 15-18.

两个方面加以解释：① 让学生知道 x^n-1 中含有因式 $x-1$（对于理解有困难的学生，令 $x=1$，让他们再思考）；② 如果学生对 $x^n-1=(x-1)(x^{n-1}+x^{n-2}+\cdots+x^2+x+1)$ 这一结论存在疑问，可以用多项式乘法展开式来验证.

3.3 种教学设计的"三教"理念落实情况分析

贵州师范大学吕传汉教授提出了用"教思考、教体验、教表达"（以下简称"三教"）的教育理念来引领课堂教学、培育学生核心素养的观点．"三教"理念，是吕传汉教授及其团队经过长期的理性思考与实践探索，在回顾、反思十余年的基础教育课程改革经验的基础上提出来的．该理念的提出，是对学科教育理念的高度概括．[①]

所谓"教思考"，首先，教师要重视对学生问题意识的培养，这在吕传汉教授和汪秉彝教授提出的"中小学数学情境—提出问题"教学实验研究中有详细的论述；其次，教师在教学中应帮助学生理清知识的逻辑脉络，找出解决问题的思维线索，引导学生在数学活动中领悟比较、分析、抽象、概括、归纳、类比、演绎等数学思想方法；最后，教师应在数学解题、数学探究、应用数学知识解决实际问题等的反思过程中提高学生的辩证思维能力和批判能力.

所谓"教体验"，是指教师以具体的数学知识和数学技能的教学为载体，引导学生在数学活动过程中经过不断地思考、领悟而获得对数学思想方法的理解与把握，并进一步上升为对科学研究方法的理解，同时获得对知识学习和科学研究的情感体验.

所谓"教表达"，既包括提高学生的口头表达能力，也包括提高学生的书面表达能力．对于数学教学而言，培养学生用数学语言（包括口头语言、文字语言、图形语言、符号语言以及逻辑语言）来讨论数学、表述数学问题、表达数学结论的能力，是非常重要的.

根据以上关于"三教"理念的简要阐述，结合上述 3 种不同的"等比数列的前 n 项和"公式导入的教学设计，它们在"教思考、教体验、教表达"方面的落实情况如附表 2.1 所示.

---

① 杨孝斌，吕传汉. 论数学教育对中小学生核心素养的培育[J]. 兴义民族师范学院学报，2015（5）：74-79.

附表 2.1

教学设计		教思考	教体验	教表达
共同点		倒序相加法，在这里还能用吗？ 这里的 $1-q$ 可以直接除过去吗？	数学建模（从故事中抽象出数学问题：$1+2+2^2+\cdots+2^{62}+2^{63}$ 粒麦子总共有多少颗）； 从特殊到一般（讨论一般的等比数列）； 分类讨论； 观察法	对 $S_n = a_1+a_2+a_3+\cdots+a_{n-1}+a_n$ 进行重新表述
不同点	教学设计1	如果将整个式子乘以 q，会怎么样呢？	错位相减法	$S_n=a_1+a_1q+a_1q^2+\cdots+a_1q^{n-2}+a_1q^{n-1}$ $qS_n=a_1q+a_1q^2+a_1q^3+\cdots+a_1q^{n-1}+a_1q^n$ 作差得 $(1-q)S_n = a_1 - a_1q^n = a_1(1-q^n)$
	教学设计2	从第二项起把 q 提出来，就可以得到 $S_n = a_1+q(a_1+a_1q+\cdots+a_1q^{n-3}+a_1q^{n-2})$；将 $S_{n-1}=S_n-a_n$ 代入 $S_n=a_1+qS_{n-1}$ 有 $S_n=a_1+q(S_n-a_n)$	提公因式法； 代入法	也就是 $S_n = a_1 + qS_{n-1}$ 整理得 $(1-q)S_n = a_1 - qa_n$
	教学设计3	问题转化为如何求 $1+q+q^2+\cdots+q^{n-2}+q^{n-1}$； 利用不完全归纳法猜出 $x^{n-1}+x^{n-2}+\cdots+x^2+x+1 = \dfrac{x^n-1}{x-1}$	提公因式法； 化归思想； 合情推理（不完全归纳法）	提公因式得到 $S_n = a_1(1+q+q^2+\cdots+q^{n-2}+q^{n-1})$ 把 $x^{n-1}+x^{n-2}+\cdots+x^2+x+1 = \dfrac{x^n-1}{x-1}$ 中的 x 换成 q

承前所述，"三教"是对课堂教学本质属性的高度概括，是一个有机的整体，没有很明显的界限，附表 2.1 中列出来的也只是大致的划分．从附表

2.1 可以看出，上述 3 种不同的"等比数列的前 n 项和"公式发现的教学设计都从不同的角度启发了学生的数学思考，落实了"教思考"的理念. 3 种不同的教学设计分别蕴涵了包括数学建模思想、分类讨论思想、从特殊到一般、观察法、错位相减法、提公因式法、代入法、化归思想、不完全归纳法（前 4 个是共同点）等数学思想方法和科学研究方法的运用，让学生在"等比数列的前 n 项和"公式的发现学习过程中，获得对数学思想方法、科学研究方法的理解与把握，以及对知识学习和科学研究的情感体验，落实了"教体验"的理念. 同时，3 种不同的教学设计都要求学生"根据等比数列的定义，对 $S_n = a_1 + a_2 + a_3 + \cdots + a_{n-1} + a_n$ 重新表述为 $S_n = a_1 + a_1q + a_1q^2 + \cdots + a_1q^{n-2} + a_1q^{n-1}$"，同时引导学生对公式发现中的过程结论和最终结论进行正确的表述，促使学生在数学的口头语言、文字语言、符号语言之间进行自由转换（这节课不涉及图形语言），落实了"教表达"的理念.

三、结束语

上述关于"等比数列的前 n 项和"公式发现的不同教学设计，各自采取了不同的教学路径，同时都有让学生难以理解的地方. 它们从不同的角度启发了学生的思考，蕴涵了或相同或不同的数学思想方法和科学研究方法，并且均引导了学生对公式发现中的过程结论和最终结论进行正确的表述，在不同角度和不同程度上都体现了"教思考、教体验、教表达"的教育理念.

正所谓"教学有法，但无定法"，只要教师善于思考、善于创新，对同一知识点均可以进行多样化的教学设计，勾勒出不同的教学路径，采取不一样的引入方式，设置不同的数学问题，以适应不同学情班级的教学需要.

附录3 情境设计与研究民族数学文化课程资源开发与利用的实践探索——以水族数学文化为例[①]

一、水族数学文化概述

通过对水族生活中有关问题的考察和研究表明,水族人民的生产生活中的许多问题,如语言文字中的数字符号、生产实践中的计数习惯、社会生活中的数字习俗、水族建筑中的几何图案、各种长度/面积/角度等的计算、水族地区广泛使用的度量衡、水族的天文历法等,乃至于水族服饰、银饰、铜鼓、器具、竹编等传统手工艺制品和常见的生活用品,都蕴涵着丰富的数学文化知识,承载着丰富的几何纹样、几何变换等数学元素,都与数学有着密切的联系.

在对水族数学文化研究的基础上,出于课程与教学论研究的需要,我们进一步将水族数学文化知识开发为数学课程资源、编撰成数学教学案例,并在各学段加以实践. 实践表明,水族数学文化课程资源及其教学案例的运用,可以激发各学段水族学生的数学学习兴趣,促进数学教学质量的提升. 类似的,我们也可以在其他民族的数学教育中开展相应的工作. 同时,我们还可以将民族数学文化课程资源开发的理论与方法引入高师数学课堂、引入民族地区中小学教师在职培训的讲堂,提升民族地区数学师资的民族文化素养和运用民族数学文化课程资源开展课堂教学的意识和能力,从根本上解决民族数学教育中的文化适应性问题. 这些理论研究与实践研究,既能起到保护和传承民族文化的作用,同时对于民族地区数学教育乃至整个基础教育有着重要的意义.

---

① 本文发表于《中小学课堂教学研究》2019年第4期

二、基于"情境—问题"数学教学模式的水族数学文化教学案例开发

《义务教育数学课程标准》指出：课程内容的选择要贴近学生的实际，有利于学生体验与理解、思考与探索……教师教学应以学生的认知发展水平和已有的经验为基础……在呈现作为知识与技能的数学结果的同时，重视学生已有的经验，使学生体验从实际背景中抽象出数学问题、构建数学模型、寻求结果、解决问题的过程[①]. 为此，数学老师在教学时要结合学生实际，从学生熟悉的实际生活中开发数学课程资源，精心地、科学地创设数学情境，让学生在自己熟悉的生活情境中学习数学.

从 20 世纪 80 年代以来，贵州师范大学吕传汉、汪秉彝两位教授长期对民族数学文化以及跨文化数学教育进行研究，并在此基础上提出的"情境—问题"数学教学模式，在西南地区乃至全国已经进行了长达 15 年的教学实验研究，该研究的有关理论阐述、教学案例等详见《数学教育学报》等刊物和部分数学教育方向的硕、博士论文. "情境—问题"数学教学所倡导的基本模式[②][③][④]如附图 3-1 所示. 以此教学模式的相关理论和实践经验

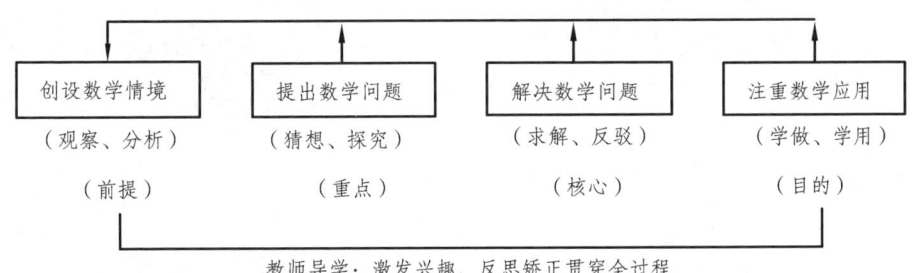

附图 3.1 "情境—问题"数学教学基本模式

[①] 中华人民共和国教育部. 义务教育数学课程标准（2011 年版）[S]. 北京：北京师范大学出版社，2012.
[②] 吕传汉，汪秉彝. 再论中小学"数学情境与提出问题"的数学学习[J]. 数学教育学报，2002，11（4）：72-76.
[③] 杨孝斌，吕传汉，汪秉彝. 三论中小学"数学情境与提出问题"的数学学习[J]. 数学教育学报，2003，12（4）：76-79.
[④] 杨孝斌，汪秉彝. 中小学"数学情境与提出问题"教学探析[J]. 数学教育学报，2004，13（4）：84-87.

为指导，我们可以在搜集、挖掘、整理水族数学文化资源的基础上，尝试开发水族数学文化教学案例，并引入水族地区中小学数学课堂教学.

下面分别选取小学数学、初中数学和高中数学的一个知识点，以水族数学文化资源为教学情境，开展水族数学文化引入数学课堂教学的案例设计与实践探索.

案例 1　水族服饰图案与图形变换的认识

【知识点】轴对称（小学数学，人教版五年级下）.

【数学情境】水族服饰因其图案精美、颜色绚丽而受到大家的青睐. 附图 3.2 所示依次是水族的男士上衣、女士背带、女士围腰以及水族花帽顶部的绣花图案.

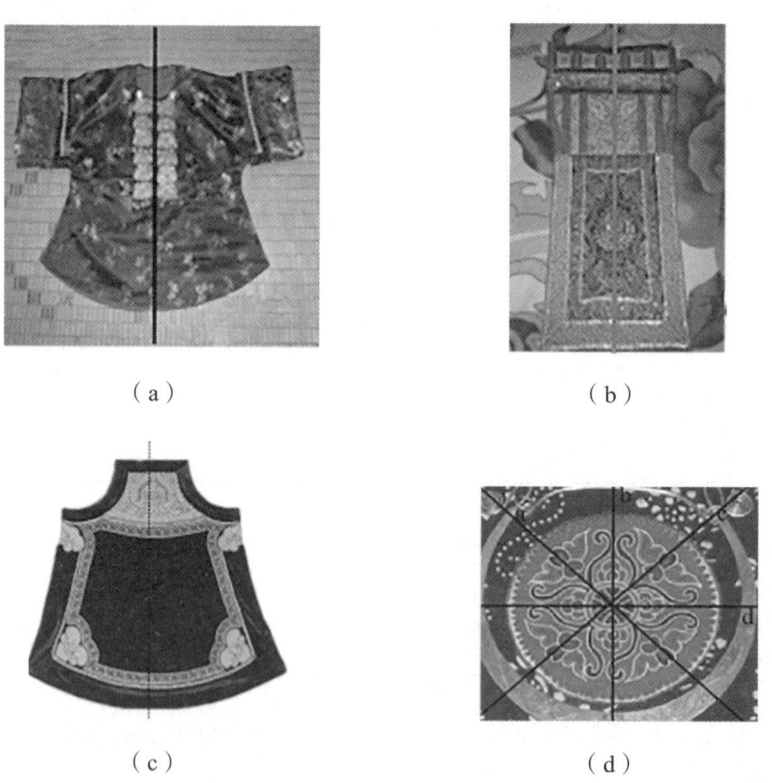

附图 3.2　水族服饰中的对称

【提出问题】

（1）（多媒体呈现）同学们在生活中见过这些图案吗？

（2）（多媒体动画演示，出现添加的线条）你认为老师为什么要在每个图中添加一些线条？你能说说这些图案有什么共同特点吗？

（3）我们需要给具有这种特点的图形取一个名称，你觉得可以怎样取？你还可以给我们在图中添加的线条取个名字吗？

（4）想一想，我们身边还有哪些事物也具有这样的特点？

【问题设计意图】

（1）吸引学生的注意力，激发学生的学习兴趣．如果是在水族地区开展教学，大多数学生应该见过这些服饰中的图案．

（2）将学生的注意力和数学思维活动引向本节课的主题——轴对称．学生可以清楚地看到每个图形都被添加的线条一分为二，分得的两部分完成对称．

（3）在教师的引导下，尝试给出轴对称图形的名称，并进一步认识对称轴．

（4）进一步引导学生举出生活中轴对称图形，让学生体验到生活中处处有数学，进一步激发学生热爱生活、喜欢数学、乐于观察的情感．

【案例评析】

小学数学对"图形的变换"（包括轴对称、旋转等）的学习重在了解、体验、感知，并不需要给"轴对称图形"以及"对称轴"等概念下严格的定义．教材中给出的例子是战国时期的铜镜、唐代花鸟纹锦、瓷器等一系列图案[1]，这些图案与学生的知识经验、生活实际相去甚远，不利于学生的数学学习．数学教师应根据学生的实际情况，因地制宜选取数学教学素材，使数学教学更贴近学生的生活实际．上述数学情境的设计正是从水族学生常见的服饰图案入手，开展"轴对称"的学习，教学实践表明，这样的情境引入很容易激发学生的学习兴趣，教学效果很好．

类似这样的问题很多，比如在"圆的认识"部分，教材中给出的例子是天坛、摩天轮等[2]，民族地区的大部分学生根本没见过此类事物，不利于

---

[1] 义务教育课程标准实验教科书　数学　五年级下册[M]. 2 版. 北京：人民教育出版社，2006.
[2] 义务教育课程标准实验教科书　数学　六年级上册[M]. 北京：人民教育出版社，2014.

学生的数学学习. 相反的是, 在学生的生活环境中, 到处都有圆的身影. 以水族为例, 水族生活中到处有各种圆形的木桶、圆形的簸箕等. 并且, 水族先民很早就知道为了制造半径为 R 的木桶, 需要依此做好若干木块, 使得木块宽度的总和大致等于 $3.15 \times 2R$, 然后把这些做好的木块使凹面向下并列的排在一起刚好成一个无缝隙的圆桶①.

案例 2　水族背带与平方差公式的发现

【知识点】平方差公式（初中数学, 人教版八年级上）.

【数学情境】水族服饰、背带、绣花鞋以及孩童花帽等绣品中, 在水族的生活中形成了一道靓丽的风景线, 其中蕴含着许多数学知识. 附图 3.3 是水族的一款背带的图案②.

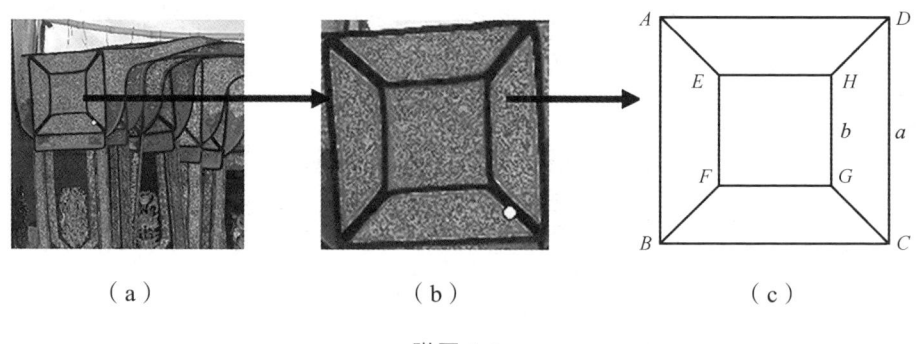

（a）　　　　　　　（b）　　　　　　　（c）

附图 3.3

【提出问题】

（1）请观察附图 3.3（a）, 作出它的几何图示.［学生通过观察, 可以作出如附图 3.3（c）所示的图形, 它是由中心重合且对应边互相平行的两个正方形构成］

（2）如果假设正方形 $ABCD$ 的边长为 a, 小正方形 $EFGH$ 的边长 b, 两个正方形的面积分别是多少？它们面积的差是多少？

---

① 杨孝斌, 罗永超, 张和平. 人类学视域下的水族数学文化研究[J]. 数学通报, 2016, 55（8）: 9-16.
② 韦志托. 水族传统生活中的数学文化初探[J]. 凯里学院学报, 2013, 31（3）: 5-9.

（3）这两个正方形的面积之差还可以怎样计算？

（4）ABFE、BCGF、CDHG、DAEH 分别是什么图形？它们的面积可以怎样计算？

（5）ABFE、BCGF、CDHG、DAEH 的面积分别是多少？和是多少？

（6）4 个等腰梯形的面积的和与 2 个正方形面积的差有什么关系？

（7）由问题（6），你能得到什么样的等式关系？这个结果说明了什么？

（8）如附图 3.4 所示，如果两个正方形的中心不重合，这个结论还成立吗？

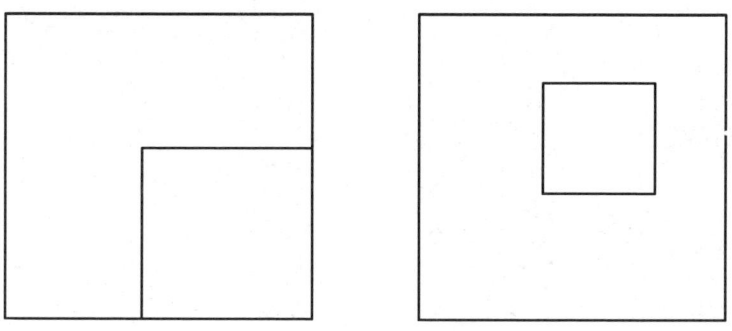

附图 3.4

【问题设计意图】

（1）让学生经历从生活情境中抽象几何图形的过程．

（2）引导学生计算两个正方形的面积之差．

（3）~（6）引导学生计算 4 个等腰梯形的面积和，从而用新的方法求出 2 个正方形的面积之差，体现算法多样化的思想．

（7）引导学生发现平方差公式：$a^2-b^2=(a+b)(a-b)$．

（8）变式训练，引导学生进一步思考问题的本质．

【案例评析】

本案例从水族学生熟悉的图形出发，为平方差公式找到了一个直观的几何模型．通过这个直观模型，可以得到关于平方差公式证明的一个很好的方法．在以水族学生为主体的学校里讲授平方差公式的证明时，不妨按此方法去教学，让学生在自己熟悉的文化中去感受．从学生已有的经验出发，从学生熟悉的生活情境开始一堂课的学习，能有效地吸引学生的注意力，这样不仅能激发学生的学习兴趣,而且让他们感受到数学其实就在自己的身边.

案例3 水族妇女手袋图案与等比数列、数列极限

【知识点】等比数列(高中数学,人教版必修5).

【教学情境】附图3.5所示为水族常见的妇女手袋图案.

【提出问题】

(1)请观察附图3.5,作出它的抽象几何图示.(学生通过观察,可以作出如附图3.6所示的图形)

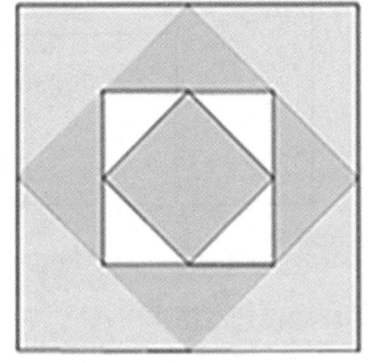

附图3.5 水族妇女手袋图案　　附图3.6 水族妇女手袋图案示意图

(2)假设大正方形面积为1,从内到外第2个、第3个、第4个正方形的面积分别是多少?

(3)这些数构成的数列是等差数列吗?

(4)这些数有什么规律可循?你可以给这样的数列下一个定义吗?

(5)按照这个规律继续作图,猜猜看第6个正方形的面积应该是多少?可以找出公式吗?

(6)设最外面的正方形的面积为a_1,从外到内第2个正方形的面积是第1个的q倍,第3个是第2个的q倍,以此类推,则第n个正方形的面积是多少?

(7)换一个角度,假设大正方形面积为1,从外到内第1圈4个直角三

角形的面积和是多少？第2圈4个直角三角形的面积和是多少？第3圈呢？第 n 圈呢？随着 n 的增大，第 n 圈4个直角三角形的面积和是如何变化的？

（8）如果不停地按照这个规律作图，将每一圈的4个直角三角形的面积分别表示出来，再相加，你估计和是多少？这个结果说明了什么？

【问题设计意图】

（1）让学生经历从生活情境中抽象几何图形的过程.

（2）~（6）引导学生逐步抽象出等比数列的定义，并引导学生寻找等比数列的通项公式.

（7）引导学生感受数列的极限.

（8）引导学生感受无穷递缩等比数列（公比 $|q|<1, q \neq 0$）前 n 项和的极限.

【案例评析】

等差数列、等比数列及其相关知识是高中数学的重点内容，数列求和、数列极限是高中数学的难点知识. 长期以来，大多数老师都沿用课本上的情境或著名的数学轶事，如小高斯的故事、国际象棋发明者的故事、穷人向富人借钱的故事等，作为数列部分的数学教学情境. 当然，这些情境也有其存在的合理性和附带的教育教学价值.

本案例从水族数学文化资源出发，为等比数列的定义、通项公式以及数列极限等有关知识的教学找到一个较好的例子. 以这个例子作为问题情境，设置好相应的数学问题，通过不断的启发与暗示，同样可以达到引出等比数列的定义、引导学生探究等比数列的通项公式的教学效果；设置问题（7）、（8），是为将来学生学习数列极限以及无穷递缩等比数列前 n 项和的极限等问题做准备［注：问题（7）、（8）不宜在初学等比数列时出示给学生］.

此外，对水族地区的学生而言，水族妇女手袋图案是他们熟悉的图案，更容易引起学生的共鸣；同时，通过将水族妇女手袋的图案作为数学问题情境引入课堂，还可以发展学生的几何直观能力，我们甚至还可以进一步要求学生研究下面的图案（见附图3.7），分别得到如下结果：

① 左图：$\dfrac{1}{2}+\dfrac{1}{4}+\dfrac{1}{8}+\dfrac{1}{16}+\cdots=1$，

② 右图：$\dfrac{3}{4}+\dfrac{3}{16}+\dfrac{3}{64}+\cdots=1$.

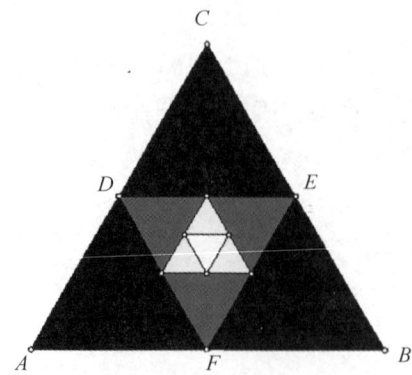 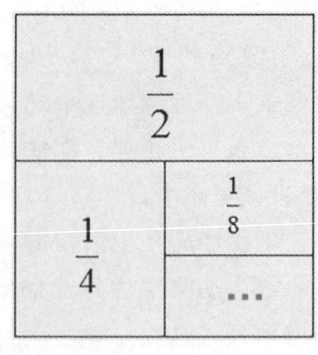

附图 3.7　几何直观与数列极限[1]

三、民族数学文化课程资源开发与利用的"三结合"模式

从上述讨论及案例发现,以"民族数学文化情境"作为民族地区学生数学学习的思维起点,使数学内容的呈现贴近民族学生的生活实际,增强民族地区数学教育的文化适应性,让已经存在于民族学生头脑中的那些非正规的数学知识和数学体验上升发展为科学的数学结论,可以让学生从中感受到民族文化的数学魅力,增加民族自豪感和数学学习的自信心,体验数学学习的乐趣.

要实现上述的设想,达到以民族文化情境引导数学知识教学的目的,需要充分挖掘民族数学文化资源,进一步与数学课程有关知识点结合,创设具有民族数学文化的数学教学情境.通过 10 年的努力,凯里学院"民族数学文化与教育研究"形成了"搜集与挖掘民族数学文化、开发数学课程资源、数学课堂教学实践"三结合模式[2](简称"三结合"模式,见附图 3.8 所示),"三结合"模式以学生熟悉的民族文化为素材创设数学情境,有利于学生形成民族认同感,有利于学生构建数学概念、形成数学方法、掌握数学知识,是有效实施民族数学文化课程资源开发与利用进而解决当前少数民族数学教育困难的一种方法.

---

[1] 杨孝斌,吕传汉. 浅议高中阶段"数学文化"的教学[J]. 黔西南民族师范高等专科学校学报,2004(1):52-56.
[2] 张和平. 苗侗民族地区地方数学课程资源开发模式构建[J]. 教学与管理,2012(1):102-103.

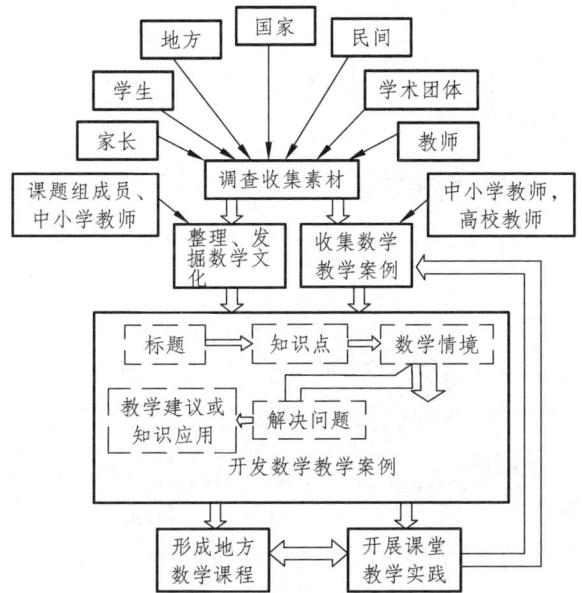

附图 3.8 民族数学文化课程资源开发与利用模式

附录4　部分同步练习答案

第5章简答题同步练习答案

11. 请结合实例简述如何在教学中关注数学的文化价值,促进学生形成正确的数学观.

答：在数学教学中,应尽可能结合高中数学课程的内容,介绍一些对数学发展起重大作用的历史事件和人物,反映数学在人类社会进步、人类文明建设、人类社会生活中的作用,同时也反映社会发展对数学发展的促进作用.

例如,教师在数列教学中,可以向学生解释斐波那契数列及其在自然界以及社会生活中的作用；在几何教学中可以向学生介绍欧几里得公理体系的思想方法对人类理性思维、数学发展、科学发展、社会进步的重大影响；在解析几何、微积分教学中,可以向学生介绍笛卡尔、费马创立的解析几何,介绍牛顿、莱布尼茨创立的微积分,以及它们在文艺复兴后对科学、社会、人类思想进步的推动作用；在有关数系的教学中,可以向学生介绍数系的发展和扩充过程,让学生感受数学内部动力、外部动力以及人类理性思维对数学产生和发展的作用.

12. 如何理解"改善教与学的方式,使学生主动地学习"这句话？

答：丰富学生的学习方式、改进学生的学习方法是高中数学课程追求的基本理念. 学生的学习活动不应只限于对概念、结论和技能的记忆、模仿和接受,独立思考、自主探索、动手实践、合作交流、阅读自学等都是学习数学的重要方式. 在高中数学教学中,教师的讲授仍然是重要的教学方式之一,但要注意的是必须关注学生的主体参与、师生互动. 高中数学课程在教育理念、学科内容、课程资源的开发利用等方面都对教师提出了挑战. 在教学中,教师应根据高中数学课程的理念和目标,学生的认知特征和数学的特点,积极探索适合高中学生数学学习的教学方式.

13. 简述"好"的数学问题的基本特点.

答：好的数学问题应该具备以下几个基本特点：

（1）这个数学问题学生易于接受，有解决的冲动．

（2）这个数学问题应该不止一种解决方法．

（3）这个数学问题要蕴涵重要的数学思想．

（4）这个问题不要人为设置陷阱刁难学生．

（5）这个数学问题的解决能激起学生探究下一个数学问题的兴趣．

（6）这个数学问题的解决能充分暴露学生的数学思维过程．

14．中学数学常用的数学思想方法有哪些？

答：中学数学常用的数学思想方法主要有：

（1）用字母代替数的思想方法．

（2）集合与对应的思想方法．

（3）函数与方程的思想方法．

（4）数形结合思想．

（5）数学模型的思想方法．

（6）转换化归的思想方法．

（7）归纳、类比的思想方法．

（8）分类讨论的思想方法．

（9）特殊与一般的思想方法．

15．简述当前中学数学教学评价的基本理念．

答：数学教学评价的最终目的在于提高数学教学质量，促进学生的全面健康持续发展．因而，进行数学教学评价，要正确地认识学生的个体差异，因材施教，使每个学生都在原有的基础上得到充分的发展；要关注学生的学习过程，不仅要关注学生的观察、分析、自学、表达、操作、与人合作等一般能力的发展，以及运算、空间观念、统计、解决问题等数学能力的发展，更要关注学生在情感、态度与价值观等方面的健康和谐的发展；不仅要关注教学的结果，更要关注教学的过程．需注意以下几点：

（1）评价目标的多元性．

（2）评价内容的多维性．

（3）评价手段、方式方法的多样性．

（4）评价主体的多元性．

（5）评价结果处理的科学化．

总之，在新理念下，中学数学教学评价的核心目标在于建立合理、科学的评价体系，促进学生的全面发展，加速教师的专业成长．

16. 简述哥尼斯堡七桥问题以及欧拉给出的解决方案．

答：18世纪的哥尼斯堡，布勒尔河穿城而过，它有两条支流，在哥尼斯堡城中心汇成大河，河中心有一个小岛，河上有七座桥．当地的居民，特别是大学生们常常到七桥附近散步，渐渐的大家热衷于一个问题：一个人是否能不重复的一次走遍这七座桥而返回出发点？很多人做过尝试，但都未能实现，这便产生了数学史上著名的"七桥问题"．1735年，一群大学生写信将这个难题交给了著名的数学家欧拉．欧拉首先从千百人次的失败中猜想，也许根本不可能不重复的一次走遍这七座桥，但如何来证明它呢？欧拉是这样想这个问题的：

既然岛与两岸无非是桥的连接地点，两岸陆地也是桥通往的地点，那么就不妨把这四处地点抽象成四个点，并把七座桥抽象成七条线，这样在不改变问题的实质的前提下，问题就转化成了一个有关几何图形的问题，即人们步行走过两岸和七座桥时，就相当于用笔画出此图．于是问题转化为：能否用笔不重复地一笔画出此图．

接着欧拉进一步研究了一笔画问题的结构和特征：一笔画有一个起点和一个终点，当起点和终点重合时，称该图形为封闭图形，否则称为开放图形．除起点和终点外，一笔画中间可能出现一些曲线的交点，在这些交点处曲线一进一出，因此其连接的曲线总是偶数条，这些交点就称为"偶点"，由此看来，只有起点和终点通过的曲线可能是奇数条，称通过曲线是奇数条的起点和终点为"奇点"，特别地，当起点和终点重合时，便成为一个偶点，不再是奇点．

正是通过上述研究，欧拉断言：任何一个一笔画，要么没有"奇点"，要么恰有两个"奇点"，而在"七桥问题"所对应的图形中，四个点都是"奇点"，因此它不能一笔画成，从而说明人们不可能不重复地一次走过哥尼斯堡的七座桥．

欧拉没有满足于"七桥问题"的解决，而是继续深入研究，终于用严密的数学语言证明了一个可鉴别任一图形能否一笔画出的"一笔画定理"：一个网络（任意一个有限条弧线构成的图形，且每条弧线都有两个相异的端点）是一笔画，当且仅当该网络是连通的，并且奇顶点的个数是 0 或 2.

欧拉解决这一问题所用的思维方法，就是抽象方法，即从感性认识上升到理性抽象，再由理性抽象升华为理性认识，这也是人们认识事物常用的一种抽象思维方式．"七桥问题"有力地说明，数学抽象将实际问题中许多无关紧要的东西（如桥的大小、形状之类）舍去，而紧紧抓住其中带有本质特征的东西，从而构造出一些在逻辑上无矛盾的"纯粹" 的数学关系．（考试作答时，可根据以上内容精简回答，下同）

17．简述第一次数学危机．

答：（1）危机的起源．

毕达哥拉斯学派认为"万物皆数"，这个数就是整数，他们确定数学的目的是企图通过数的奥秘来探索宇宙的永恒真理，并且认为宇宙间的一切现象都能归结为整数或整数之比．后来这个学派发现了毕达哥拉斯定理（勾股定理），他们认为这是一件很了不起的事，然而了不起的事后面还有更了不起的事．毕达哥拉斯学派的希帕索斯从毕达哥拉斯定理出发，发现边长为 1 的正方形对角线不能用整数来表示，这就产生了这个无理数．这无疑对"万物皆数"产生了巨大的冲击，由此引发了第一次数学危机．

（2）危机的解决．

由无理数引发的第一次数学危机对古希腊的数学观点产生了极大的冲击．动摇数学基础的第一次危机并没有很轻易地被解决．大约到了公元前 370 年，这个矛盾终于被毕达哥拉斯学派的欧多克斯通过给比例下新定义的方法巧妙地处理了．但这个问题直到 19 世纪的戴德金和康托尔等人建立起现代实数理论才算彻底被解决了．

（3）对数学发展的意义．

第一次危机的产生最大的意义是导致了无理数地产生，打破了长时间的禁锢数学发展的枷锁．这次数学危机也使整数的权威地位开始动摇，而几何学的身份升高了，在以后的一两千年中，几何支撑了数学的发展．同时危机也表明，直觉和经验不一定靠得住，推理证明才是最可靠的，从此希腊人开始重视演绎推理，并由此建立了几何公理体系，这不能不说是数学思想上的一次巨大革命

18．简述归纳推理与类比推理的思维过程，以及二者的区别与联系．

答：把某类事物中个别事物所具有的规律作为该类事物的普遍规律，这种思维进程中由特殊到一般的推理称为归纳推理或称归纳法；类比推理是根据两个不同的对象的某些方面（如特征、属性、关系等）相同或相似，推出它们在其他方面也可能相同或相似的思维形式，它是思维进程中由特殊到特殊的推理.

二者的联系：归纳推理和类比推理都属于合情推理（似真推理），其推理的结果都不一定正确，都是创造性较强而可靠性较弱的推理形式.

二者的区别：思维进程不同——归纳推理是从特殊事物的性质得到一般对象的性质，是一种纵向思维；类比推理却是一种横向思维，是借助于两个事物（两个系统）在某些部分上的一致性来推测在另外一些部分上的一致性.

第 6 章　论述题同步练习答案

1. 请谈一谈你对"数学教学是数学思维活动的教学"这句话的理解.

答：（1）数学是思维的科学.

数学从它诞生那天起，就与思维结下了不解之缘. 数学的存在和发展都要依靠思维，都要通过思维来表现. 反过来，数学又是思维的工具，精湛的思维艺术常常要借助数学显示美感和力量. 数学能够启迪、培养、发展人的思维. 虽然也有其他学科或其他方式可以培养人的思维，但在深度、广度、系统性等方面，是无法与数学相比的.

（2）数学教学要发展学生的思维能力.

数学作为全世界学生共同学习的科目，作为培养学生智力、发展学生能力的主要知识载体，对于学生思维能力的形成和科学的思维态度的养成具有不可替代的作用.

数学教学不仅要教给学生数学的概念、公式、定理等具体的数学知识，更应教给学生数学的思维方式、数学的思想方法和科学研究的一般方法，在发展数学能力的同时发展学生的问题意识和解决问题的能力.

（3）思维能力的发展主要靠启发和引导.

思维主要是靠启迪，而不是靠传授. 越是讲得一清二楚，学习者就越不需要思维. 数学教学的过程，应是学生在教师的引导下，通过自己的数学思维活动来学习数学家思维活动的成果，并发展自己的数学思维能力的过程.

要培养具有创新能力的学生,首先要有创造性的老师. 创造性的老师应具备以下几个特征:用热情感染学生,用问题激发学生,用思维引领学生,用方法启迪学生. 数学教师在教学中应让学生主动思维、自主活动,而不是教师代替学生思维.

总之,要使数学教学过程成为数学思维活动的教学,就需要数学教师对学生数学思维活动的引领和导向. 数学教师应通过问题驱动、分层提示等教学策略,充分暴露数学家和教师自己的数学思维的过程,把知识的产生与形成过程展现给学生,为学生的数学思维活动创造良好的条件. 因此,教师在数学教学需要用自己的亲身经验,结合学生的实际情况,创设恰当的问题情境,设计合适的启发性提示语,引导学生的思维向着生成数学知识、思想、方法和意义的方向发展.

2. 请简述数学教学中情境创设的基本要求有哪些,并举例说明.

答:数学教学中情境创设的基本要求主要有:

(1)情境创设要简明扼要、突出主题;

(2)情境创设要突出数学对象的本质;

(3)情境创设要蕴含数学思想方法;

(4)要注意实现生活数学的数学化与科学数学的教学化.

举例说明:在向学生讲解(或渗透)数学归纳法的思想时,可以通过多媒体动画,让学生观察"多米诺骨牌"的倒塌效应,并启发学生思考——如果不推第一块骨牌,其他骨牌会倒吗?如果有某一块或某几块骨牌空缺,后面的骨牌会倒吗?如果先推的不是第一块,而是后面的某一块,这块之后的会倒吗?

如此形成"问题串",通过对这些问题的思考,使学生在心里产生数学归纳法的直观形象,为数学归纳法的学习做好铺垫. 通过这样的教学过程,使学生体验数学归纳法的形成过程,产生对数学归纳法的直观理解.

这种从学生已有的数学活动经验和实际生活经验出发,寻找数学思想方法的影子的情境设计,既为学生的数学学习寻求到感性经验的支持,又为进一步的学习埋下伏笔——如"多米诺骨牌"可以不从第一块开始倒塌,暗示出用数学归纳法进行证明时第一步不一定是验证 $n=1$,可以是从 2、3 或者别的某个数开始;如果有某一块或某几块骨牌空缺,后面的骨牌不能依次倒下,暗示出用数学归纳法证明问题的关键在于递推,即从归纳基础开始,后续的每一个自然数 n 都必须满足要求.

3. 请简述数学课堂导入的基本类型,并举例说明.

答:数学教学课堂导入的类型(或方法)很多,主要包括以下类型:

(1)生活情境导入.

(2)知识迁移导入.

(3)知识类比导入.

(4)数学实验探究导入.

(5)故事情境导入.

(6)数学史料导入.

(7)游戏情境导入.

(8)设置悬念(制造认知冲突)导入.

举例来说,高中数学课程的基本理念中提出数学的教学要体现数学的文化价值.而由数学史的有关内容导入新课,不仅可以向学生揭示数学知识的现实来源和应用,引导学生体会真正的数学思维过程,还可以创造一种探索与研究的数学学习气氛,对于激发学生对数学的兴趣,培养探索精神,都有重要意义.因此,我们可以在平面解析几何第一节课的教学导入中介绍解析几何的历史,可以在高中算法第一节课教学导入中介绍中国古代数学中的算法思想,在高中概率统计第一节课教学导入中介绍概率的起源等轶闻趣事,可以在球体积公式的发现与证明中介绍阿基米德求球体积的方法以及中国古代数学家对球体积公式的推导方法.

4. 请你谈谈数学教师在教学中如何注意问题的启发性,并举例说明.

答:所谓问题的启发性,是指问题能够引发学生多方向、多角度的思考,并结合已有的知识和获得的信息对问题做出反应.

问题的启发性到底启在何处呢?应在学生的最近发展区内,利用能引起学生认知冲突的问题,启在教学内容的重点、难点和关键之处,启在新旧知识的连接处,启在理论与实践的联系处,启在低层知识向高层知识的过渡处.通过启发性提示语的运用,达到以旧启新、承上启下、关联旧知、导向新知、暗示线索、启迪思维的目的.

在教学中利用"回忆、比较、什么、为什么、怎么样"等词汇进行启发式的提问，可以帮助教师有效地引导学生进行反思、启发学生的思考．举例如下：

T：函数 $y = \sin x + \cos x$，（$x \in R$）的最大值是多少？

S_1：$y=\sin x + \cos x$ 的最大值为 2．

T：你是怎样得到的？

S_1：因为 $-1 \leq \sin x \leq 1$，$-1 \leq \cos x \leq 1$，所以 $-2 \leq \sin x + \cos x \leq 2$，于是可以得出 $y = \sin x + \cos x$ 的最大值为 2．

T：同学们，这好像没问题，是吗？

S_2：不对！

T：哪里不对？

S_2：$\sin x$ 与 $\cos x$ 不能同时取到最大值 1．

T：哦！为什么不能？

S_2：因为 $\sin x$ 取到最大值 1 的时候 $\cos x=0$，同样的，$\cos x$ 取到最大值 1 的时候 $\sin x=0$．

T：哦，是这样．那你说这个问题怎么办？

S_2：把这个式子的正、余弦合并起来．

T：如何合并？

S_2：把这个式子变为 $y=\sin x+\cos x=\sqrt{2}\sin\left(x+\dfrac{\pi}{2}\right)\cdots$

5．请结合实例说明中学生是怎样学习数学概念的．

答：数学概念的学习可分为两种基本形式：概念的形成、概念的同化．

（1）概念的形成是学生通过对概念所反映的事物的不同例子的观察、思考，学生积极主动地去发现这些例子所反映的本质属性，从而形成新的概念．例如，学习函数的单调性的概念，可采用如下的步骤：

第一，分别作出函数 $y = 2x$，$y = -2x$ 和 $y = x^2$ 等的图像，并且观察函数图像的变化规律．

第二，描述前两个函数图像的变化，让学生明确这两种变化规律分别称为增函数和减函数．

第三，二次函数的增减性要分段说明，这里可以提出问题——二次函数是增函数还是减函数？

第四，能否用自己的理解说说什么是增函数，什么是减函数？（为概念形成做准备）

第五，以 $y=x^2$ 在 $(0,+\infty)$ 上的单调性的讨论为例，引导学生用精确的语言来描述函数的单调性．

第六，提问学生，什么是"y 随着 x 变化"？如何刻画"增大"？对"定义内任取"作何理解，进而一步步得到增函数、减函数的定义．

在以上步骤的基础上，通过初步认识单调性，再拓展探究从而抽象概括出单调性的准确定义，帮助学生深入认识单调性．

（2）概念的同化是以定义的形式给出，由学生主动地与自己认知结构中原有的有关概念相互联系、相互作用，以领会定义的意义，从而获得新概念．

例如，学习等比数列的概念时，教师可以让学生阅读教材中等比数列的定义——如果一个数列从第 2 项起，每一项与它的前一项的比值等于同一个常数，这样的数列称为等比数列．这个常数叫作等比数列的公比，公比通常用字母 q 表示．这时学生要主动积极地与自己认知结构中的原有概念（等差数列）相联系，同时也要注意区别，从而认识等比数列概念的本质，并将等比数列这一新概念纳入认知结构中与头脑中原有的相关概念形成一个整体．最后通过例题的学习与练习、习题的解答，加深对梯形本质属性的认识，使它在认知结构中得到巩固．

6. 在讲解立体几何的有关概念时，我们常常借助实物模型或图形，这体现了数学教学的哪一原则的要求？请做简要的分析．

答：这体现了数学教学中的具体与抽象相结合的原则．

从具体到抽象符合学生在学习过程中从感知到理解，从表象到概念的认识规律．学生认识数学概念、知识和理论时，往往是从生动直觉开始的．理性知识的形成，必须有感性知识基础．只有在此基础上，进一步区分这些研究对象所共有的、决定它们性质的本质属性，和仅仅是对个别对象特有的非本质属性，这样才能在头脑中形成理性知识．

例如，学习数学概念时，首先，可通过一定的感性材料得到具体对象的感知和表象，然后抽象概括出对象的本质属性，再用概念去解决具体问题．这个过程体现了由具体到理性的抽象，由理性到更为广泛的具体的认识．

数学教学实践表明，通过实物直观、模像直观、语言直观，使学生形成对事物的鲜明表象，是学生掌握数学理论知识的重要环节，也是贯彻抽象与具体相结合原则的前提.

在数学教学中贯彻这一原则时，首先要着重培养学生的抽象思维能力.所谓抽象思维能力，是指脱离具体形象，运用概念、判断、推理等进行思维的能力.按抽象思维不同的程度，可分为经验型抽象思维和理论型抽象思维.在教学中，我们应着重发展理论型抽象思维，因为只有理论型抽象思维得到充分发展的人，才能很好地分析和综合各种事物，才有能力去解决问题.其次要培养学生的观察能力，同时提高他们的抽象、概括能力.在教学中，可以通过实物教具等，利用数形结合等手段帮助学生实现抽象与具体的结合.例如，将函数的性质时，可以先画出图像，观察图像，再抽象出函数的性质，这是常用的教学方法.

7.数学教学是对数学课程的具体实施,是为达成一定的数学课程目标，在特定的环境条件之下展开的教学活动.请简述新课程背景下对教学过程的定位.

答：教学活动是师生积极参与、交往互动、共同发展的过程.有效的教学活动是教师的教和学生的学的有机统一，学生是学习的主体，教师是学生学习活动的组织者、引导者与合作者.

数学教学活动应激发学生学习兴趣，调动学生学习积极性，引发学生的数学思考，鼓励学生的创造性思维；要注重培养学生良好的数学学习习惯，使学生掌握恰当的数学学习方法.

学生学习应当是一个生动活泼的、主动的和富有个性的过程.除接受学习外，动手实践、自主探索与合作交流同样是学习数学的重要方式.学生应当有足够的时间和空间经历观察、实验、猜测、计算、推理、验证等活动过程.

教师教学应该以学生的认知发展水平和已有的经验为基础，面向全体学生，注重启发式教学和因材施教.教师要发挥主导作用，处理好讲授与学生自主学习的关系，引导学生独立思考、主动探究、合作交流，使学生理解和掌握基本的数学知识与技能、数学思想和方法，获得基本的数学活动经验.

8. 请给出中学几何研究图形的几个主要方法，并试以其中一种为例，说明该种方法的基本特点．

答：中学几何研究图形的方法主要有，综合几何的方法、解析几何的方法、向量几何的方法、函数模型的方法等．

综合几何的方法，主要是指利用初等几何的主要定理、性质研究几何图形的方法，即用已知的基本图形的性质去研究图形的性质、特点等的方法．这种方法的基本特点就是把复杂的图形转化为简单的图形，把空间的图形转化为平面图形（如立体几何中作复杂空间图形的移出图等）．例如，把两条线段相等的问题转化为证明等腰三角形的问题或者转化为证明两个三角形全等的问题；空间直线的垂直问题转化为平面两直线垂直（如三垂线定理）；利用三视图研究空间几何体；立体几何中面面关系（垂直或平行）转换为线面关系，再转化为线线关系等．在综合几何方法中，平移、旋转、对称、拆分、拼接、组合等是研究几何图形性质的基本方法．

第7章 案例分析同步练习答案

1. 案例一

答：（1）在课堂上，教师面对的是一群有着不同生活经历，有自己的想法，在很多方面存在差异的生命体，也正是因为有这种差异，课堂才是充满变化、丰富多彩的，教师如果不能适应这种变化，不能及时正确处理课堂的生成，那么其课堂效果将很难保证．在上面的教学片段中，教师对学生直接说出中位线的性质很是不满，因为这样一来教师后面设计好的精彩探索活动就没有必要再进行了．碰上这样的意外，教师采取了生硬的处理方式，让其他学生继续探索，但此时教师的不满情绪和处理这件事情的方式使得全班同学失去了探索的兴趣和发言的勇气．教师如果换一种方式，先表扬发言学生"你真是个爱学习的学生，我相信你还是个爱思考的学生！"然后让他和大家一道动手操作、探索、验证中位线为什么会具有这样的性质，课堂效果应该更好．

（2）教学生成，从本质上来说，有积极的一面，也有消极的一面，从效果角度来说有有效的一面，也有无效的一面．教师在课堂上要充分发挥好自己是学生学习的组织者、引导者和合作者的角色，不断地捕捉、判断、重组课堂教学中从学生那里涌现出来的各种各样的信息，并能快速断定哪些生成是对教学是有效的,哪些生成是偏离了教学目标的,一名优秀的数学教师应该能够正确应对课堂上出现的各种各样的教学生成,使之为我们的数学教学服务,提高课堂教学的效果.

2. 案例二

答:(1)该生的这种做法产生了增根 $x=1$,实际上当 $3^{x-1}-1=0$ 时,$3^{x-1}-2<0$,导致对数的真数为负数,则原方程无意义.

(2)正确解答如下:

$$\log_2(9^{x-1}-5)-\log_2(3^{x-1}-2)-2=0$$

$$\Leftrightarrow \log_2(9^{x-1}-5)-\log_2(3^{x-1}-2)-\log_2 4=0$$

$$\Leftrightarrow \log_2(9^{x-1}-5)=\log_2 4(3^{x-1}-2)$$

$$\Leftrightarrow \begin{cases} 9^{x-1}-5=4(3^{x-1}-2) \\ 9^{x-1}-5>0 \\ 3^{x-1}-2>0 \end{cases}$$

$$\Leftrightarrow 3^{x-1}-3=0$$

$$\Leftrightarrow x=2.$$

所以,原方程的解集为 {2}.

(3)本题所运用的数学思想方法有分类讨论的方法和函数与方程的思想.

参考文献

[1] 何小亚,姚静. 中学数学教学设计[M]. 北京:科学出版社,2009.

[2] 胡炯涛. 数学教学论[M]. 南宁:广西教育出版社,1996.

[3] 张奠宙,宋乃庆. 数学教育概论[M]. 2版. 北京:高等教育出版社,2009.

[4] 张奠宙,李士锜,李俊. 数学教育学导论[M]. 北京:高等教育出版社,2003.

[5] 中公教育教师资格考试研究院. 高中数学教师资格证考试用书 2020[M]. 北京:世界图书出版社,2019.

[6] 刘咏梅. 数学教学论[M]. 北京:高等教育出版社,2008.

[7] 杨孝斌,吴万辉,吕传汉. 基于培育数学核心素养的行动:课例研究[M]. 上海:华东师范大学出版社,2020.